大展好書　好書大展

品嘗好書　冠群可期

武術特輯
108

意拳功法

謝永廣 編著

大展出版社有限公司

姚承光先生簡介

中國當代著名武術家、意拳第三代掌門人姚承光先生，自幼隨父親姚宗勳（王薌齋先生之衣缽傳人）先生學習意拳。由於其才思聰敏，刻苦鑽研，善於思索，並得到嚴師慈父姚宗勳先生傾囊相授，經過 40 多年的研究，已功臻化境，多年來接受中外各路搏擊高手的挑戰，雖必勝而不驕。

在任北京市武協意拳研究會會長及宗勳武館館長的同時，姚先生先後被聘為貴州意拳研究會名譽會長兼技術教練、河南開封意拳研究會名譽會長、山西長治意拳研究會名譽會長、遼寧旅順意拳研究會名譽會長，北京大學、北京中醫藥大學、河北工程大學等多所大學武術協會顧問，香港意拳學會技術顧問、香港姚氏意拳紀念學會名譽會長，日本橫濱、東京、大阪太氣拳研究會技術顧問，加拿大意拳研究會名譽會長、英國意拳研究會名譽會長、美國意拳研究會名譽會長、韓國意拳協會名譽會長，法國巴黎技擊協會技術顧問，波蘭意拳學院名譽院長兼總教練，歐洲意拳聯合會名譽會長。

在教學實踐的同時，姚承光先生還非常注重意拳理論方面的研究。先後在《武魂》、《武林》、《拳擊與格鬥》、《搏擊》等武術雜誌發表了數十篇有關意拳的理論研究文章。並整理了父親姚宗勳先生的著作《中國實戰拳法——意拳》，在香港出版發行，還將珍藏了多年的姚宗勳先生的珍貴的錄音資料整理成《中國意拳——一代承前啟後的拳學大師姚宗勳》VCD 紀錄片，並配有姚宗勳先生大量的歷史性照片、影像以及文字手稿等珍貴的資料，由北京中國科學文化音像出版社

出版發行。與此同時，還著有《中國意拳追蹤函授教材》、《一擊必殺》、《中國意拳系統教學光碟》等意拳系統教材，以及香港意拳錄影帶、日本意拳錄影帶。

自 1996 年起，在有關領導及武術界同仁的支持下，姚先生先後組織了「中日首屆意拳、太氣拳學術研討會」、「紀念王薌齋先生誕辰 115 周年學術研究會」及「紀念姚宗勳先生誕辰 85 周年學術研究會」，同時在有關領導及意拳同仁的支持和倡導下，探索性地推出了《意拳推手、散手競技比賽規則》（草案），成功地舉辦了一系列意拳推手、散手競技比賽，加強了意拳學術交流，為其走向職業化作出了積極的貢獻，對促進中國武術的進一步發展也具有深遠的意義。

從 1985 年起，姚承光先生先後應邀到山西、山東、貴州、四川、天津、河南、河北等省市推廣意拳；1988 年，應香港意拳學會之邀，赴港講學達半年之久，推動了香港意拳的發展；1992 年，應日本太氣拳研究會之邀，東渡扶桑，講學授藝，完善了日本太氣拳理論與技術體系；2001 年 11 月應義大利意拳組織邀請，先生赴義講學；2004 年 10 月後，先生又赴韓國講學，為意拳走向世界再闢一片新天地。與此同時，每年日本、韓國、加拿大、澳洲、法國、美國、意大利、奧地利、英國、瑞士、德國等海外意拳組織都要組隊來宗勳武館學習交流。《中國青年報》、《科技日報》、《21 世紀中國》、《中國日報》、《工人日報》、山西《長治日報》、香港《商報》、《明報》、《大公報》，北京《中華武術》、《武魂》，山西《體育文化》、《搏擊》，《武當拳擊與格鬥》，法國《技擊》、日本《空手道》、《中國功夫》、《武術——春夏秋冬》，韓國武術刊物等報刊雜誌，都相繼報導過姚承光先生的事蹟。

1978年出生於河北邯鄲。2002年畢業於河北體育學院武術專業。現為中國武術協會會員，國家二級運動員，國家二級武術裁判，工作於邯鄲職業技術學院（原邯鄲大學）體育系，任專職武術教師。

謝永廣多年來致力於武術技術與理論的研究，曾習國家規定拳械、散手、跆拳道、拳擊等國內外武技，並於1999年拜著名武術家，意拳第三代嫡系傳人姚承光先生為師，學習意拳至今。2003年經姚承光先生推薦，又拜著名太極拳家喬松茂先生為師，學習傳統太極拳，先後在2004年河北省太極拳錦標賽和2005年第二屆世界太極拳健康大會上榮獲傳統太極拳一等獎；習武之餘注重理論研究，先後在《中華武術》、《武魂》、《武林》、《搏擊》、《武當》、《河北體育學院學報》等武術期刊雜誌發表學術文章近百篇，其著作《意拳心法》一書由北京體育大學出版社出版發行，《散打絕招》一書由中國國際廣播音像出版社出版發行。並有多篇有關意拳的文章被翻譯成英文在歐洲意拳專業網站上轉載。

前　言

謝永廣

意拳，作為中國傳統武術之奇葩，以其獨特的養生與技擊效果蜚聲海內外。如今，世界各地眾多的武術愛好者都在學習和研究意拳，越發證明了意拳極強的生命力。

「問渠哪得清如許，為有源頭活水來。」越是有生命力的東西往往越注重基本功的訓練，意拳更是如此。在意拳的整個訓練體系中，基本功佔據了很大的比例。

基本功直接影響著意拳實戰的效果，而意拳的實戰又是檢驗基本功紮實與否的關鍵因素。意拳的實戰分為推手和散手兩種表現形式，其中，推手雖然有自己獨特的訓練體系，但推手只是散手的輔助性訓練，而意拳的散手從一定意義上來講，就是不附加任何條件的徒手搏擊。

意拳的基本功主要包括：站樁、試力、摩擦步、發力和試聲五大部分。

意拳基本功法最大的特點就是各部分之間環環相扣，聯繫的非常緊密，缺少或疏忽了哪一個環節，都不可能窺得意拳之堂奧。當今世界上意拳習練者雖多，但真正得其精華者卻寥寥數幾。究其原因乃是一部分人提起意拳只是津津樂道於王薌齋、姚宗勳等前輩們「搭手飛人」的奇妙功夫，卻往往忽視了意拳基本功的訓練；有一部分人即使下大功夫去練習基本功，卻由於方法欠缺而功效甚微。種種原因都充分說明如果缺乏正確的基本功訓練或對基本功理解不足，都將極大地影響意拳的學習和研究。

意拳推手和散手同樣有自己科學而系統的訓練方法和步驟，如果僅憑紮實的基本功去進行實戰，而不去進行實戰的專項訓

練，最多只能是胡拼亂打，而終不得意拳實戰之精髓。

意拳實戰以基本功為基礎，以推手為其輔助訓練，最後在散手中達到「推斷結合」這種獨具特色的實戰形式。所以說，意拳的基本功、推手和散手三者之間是相輔相成，共同組成了系統而完善的中國實戰拳學的訓練體系。

為了進一步推動和促進意拳運動的發展，在中國當代著名拳學家、意拳第三代嫡系傳人、筆者恩師姚承光先生的大力支持下，筆者不揣淺陋，編寫《中國意拳標準教程》系列，旨在將科學、系統的意拳基礎理論和嚴謹、規範的基本技術動作呈現給廣大意拳愛好者，讓大家更全面、系統地認識和瞭解意拳基礎功法和實戰體系，從而更進一步地學習和研究意拳。

《中國意拳標準教程》系列主要分為《意拳功法》、《意拳推散手》和《意拳斷手》三大部分。本叢書將理論與技術相結合，系統地介紹了意拳站樁、試力、摩擦步、發力和試聲等基礎功法和意拳的推手、散手實戰技術與方法。為了突出本書的科學性和嚴謹性，特聘請姚承光先生擔任技術顧問。在姚老師的指導下，本著求真求實的原則，書中的技術說明部分真正地將意拳中很多意念內涵用細緻入微的筆鋒描述了出來，並配有姚承光先生親自演示的嚴謹、規範的動作圖片說明。

在拙作中筆者首次運用現代體育教育學和運動訓練學的理論闡釋了意拳的教學與訓練，這是對意拳理論研究的一次大膽嘗試，不足之處敬請各位專家老師指正！

面對此書，您需要的是「一泓清水，一輪明月」般的心境，當別人為尋求「武林秘笈」，練就「神功絕技」而樂此不疲時，您卻能由「指月之指」看到了意拳的「光輝」。意拳，從哪兒來，到哪兒去，在山出山，泉清泉濁，了了分明。

姚承光先生曾講：「明白了站樁，意拳你就明白一半兒了。」由此可見意拳中基本功的重要性。所以要想在意拳上有所

成就，就必須要苦練基本功；同時，也要將意拳實戰體系中核心原理性的方法技術加以反覆磨練，從而破繭成蝶，運用自如。就如書法家，要練就懸腕揮毫的本領，就要發揚「池水盡墨，指肘生繭」的精神，選擇碑帖，提筆對臨，嚴格地束縛自己。

意拳如禪一般，清新活潑，自由而超脫。但意拳決不倡導無約束的自由，不經過嚴格基本功和基本方法技術的束縛，就達不到實戰時真正的超脫。意拳就是要經由嚴格的訓練，將基本功與基本方法技術相結合，身心一致地去實踐，從研修中洞悉一切，從而拋開束縛、偏見，獲得真正的自由——隨心所欲，應感而發，達到拳學的最高境界——拳拳服膺。一如達摩東渡，面壁九年，終破壁成佛……

晨鐘已響，曙色曦微，端杯品茗，香澀自知！

寫在前面

姚承光

自 2005 年 10 月份，由永廣編寫的《意拳心法》一書出版之後，得到了廣大武術界同仁的一致好評，在此我也感到非常欣慰。為了能讓意拳愛好者更系統地學習意拳，永廣在《意拳心法》一書的理論基礎上，又用了一年多的時間編寫《中國意拳標準教程》——意拳功法、意拳散手、意拳推斷手三本叢書。該叢書比較全面地介紹了意拳的技術體系，科學而系統。經我審核，符合意拳的原則原理。

一門學科的普及和發展，必須要有一套系統的理論技術框架來支撐，而這一「框架」是由教程來體現的。今永廣能夠編寫《中國意拳標準教程》，對於意拳學科體系的完善具有積極的作用。在這裏需要說明的一點是，該叢書雖然稱為「標準教程」，但並沒有否定別人之意，只是提供一套學習意拳可以參照的範本，讓廣大意拳練習者在學習和研究意拳時有據可循，不走彎路。

我自幼隨父親姚宗勳先生學習意拳。在父親武學思想的指導下，經過多年的的科班苦練以及 20 多年的教學實踐，積累了豐富的意拳教學和訓練經驗。很多人經常問我：「怎樣才能練好意拳？為什麼自己苦練多年卻收效甚微？」實際上，練習意拳最忌諱糊裏糊塗，盲目去練。首先一定要明白拳理，自己連拳理都搞不明白，練起來豈不是南轅北轍，本末倒置嗎？

意拳並不神秘，人人都可以練好，但先決的條件是：要有明師的指導，科學的理論及系統的訓練方法，結合自己的細心揣摩，反覆實踐。所謂的明師必須具備實事求是的科學態度，唯物

辯證的法則及精湛深厚的功力，能夠根據練習者的不同水平，在其疑難問題出現的關鍵時刻給予徹底「根治」和解決，指出其進步的途徑，使學生快速提高。同時，學習意拳還要有刻苦務實的精神，不要存在僥倖心理。

意拳沒有絕招，縱觀近代武術家，沒有一個是靠所謂「絕招」成名的。如果說意拳有「絕招」，那也就是意拳的原則原理之法，而非枝節、片面的局部方法。

學好意拳，還要腳踏實地地去練，不要認為自己勝了幾個業餘習武的人，就認為自己成了，其實這是對意拳的一種很膚淺的認識。王老曾說：「意拳不是打三攜倆，而是拳拳服膺」。先父姚宗勳先生也說：「三個月就可以培養一個打手，而培養一個拳術家則需要十年，甚至數十年的時間。」王、姚二老，雖追求一生，但從不滿足，他們是經過數十年刻苦研究，才成為一代拳學大家的。

所以，要想在拳學上有所成就，就要給自己定下高標準、嚴要求，要傾注自己畢生的精力，把意拳當作一門學術來研究。只有本著研究的態度去學習，理論與實踐密切結合，從正確的方法和不斷地交流中去摸索，才能在反覆地實踐中印證自己所學，最終形成自己獨特的拳學見解。

所以說，意拳的真髓只留給勤奮努力、銳意進取、勇於探索的人。要明白，意拳不是財產可以繼承，意拳要繼承就要將正確的理論、科學的訓練方法＋明師行家的指點＋自己的刻苦努力，否則一切都是無用功！

我們在縱觀意拳前輩昔日風采的時候，不要僅僅把前輩們的事蹟當作故事來講。王、姚二老靠的是實力（功夫）捍衛了拳學的真理，而反思我們自己，是否真的下功夫練了，是否真的把意拳拳理搞明白了？

當今意拳的發展看似比王、姚二老時期的宣傳要大得多，但

我們必須要透過這種紛亂的現象，看到其事物的本質。意拳的發展存在著相當嚴重的危機，如今國內外練習意拳（大成拳）的人雖多如牛毛，但真正有功夫者，能說透拳學要義者卻鳳毛麟角。究其原因，乃是缺乏明師的指導，缺乏科學系統的訓練方法，不明拳理，以至於糊裏糊塗盲目地練習。甚至有人把意拳看成了一門玄學，實在可笑之極。

而作為意拳（大成拳）同門同仁，首先要精誠團結，深研拳理，刻苦練功，勇於實踐，從根本上學會、學通、學精意拳。要加強文化和武德方面的修養，愛恨分明，德武兼備，成為一名高水準綜合性的意拳人才。為推廣意拳奠定一個良好的根基，將科學、系統、規範的意拳公諸於世，在全面繼承意拳的基礎上，有所創新與發展，更加科學地完善意拳。只有這樣，才能在前輩的基礎上「青出於藍而勝於藍」。

同時，學好意拳還要端正思想，團結廣大武林同道，相互學習交流，精研拳學，共同攜手，為弘揚中國優秀的武學文化而努力！

今借《中國意拳標準教程》出版之際，寫上幾句，願與大家共勉！

武壇弦歌萬世新
——為意拳標準教程而作

昌滄

中國體育報業總社編審、《中華武術》雜誌第一任主編

幾天前的一個傍晚，《中華武術》雜誌副主編李平先生給我捎來了謝永廣編著的《意拳功法》、《意拳散手》兩部書稿（另一部《意拳推斷手》正在編寫之中），此為《中國意拳標準教程》系列之一、二、三。此外，還有一部剛由北京體育大學出版社出版的《意拳心法——姚承光先生的意拳事業與武學思想》。

我雖已有了一把年紀，卻仍然是一個急性子的人，於是連夜挑燈翻閱，一下子就被書中的內容給吸引住了。第二天、第三天，我排除干擾，接著往下讀，一口氣就看完了。永廣書稿的內容比較充實，也比較科學系統，且文筆流暢，的確不錯。從而，我發現永廣只是一位二十出頭的小夥子，才大學畢業不久，在邯鄲職業技術學院體育系的專職武術教師，能有如此才華，真是「早上八九點鐘的太陽」，真難得！難得啊！

（一）

意拳，曾稱為「大成拳」。為王薌齋先師所創。繼為姚宗勳先生弘揚發展，並親授弟子及愛子承光、承榮。可惜，我對宗勳先生仰慕已久，卻只有一面之緣，那還是在上世紀八十年代初期。宗勳先生武功高強，武德高尚，為人謙遜、誠摯、豪爽，重義輕利，善待師友，在武術界有口皆碑。在過去人妖顛倒的歲月裏，他艱難地掙扎在饑餓線上，聞者涔涔淚下。但他對武術、對

意拳的無限熱愛和執著追求，仍癡心不改。他早起練功，常年不輟；悉心課徒授子，一絲不苟。薌齋先師為他取名為「繼薌」，寓意深長。縱觀宗勳先生這一生，真不負先師厚望，且也受之無愧！

承光作為宗勳先生的長子，面對薌老絕學，全面繼承，義不容辭！他們兄弟倆在父親親授下，學習意拳，由於天資聰穎，練功刻苦，功夫上乘。承光受其父武學思想的影響，在意拳的教學和訓練上，形成了自己獨特的風格和特點。他的教學比較「科學、系統、嚴謹、規範」，突出本質，注重實戰。自宗勳武館開館授徒以來，弟子遍及海內外，意拳在國際上的影響日益深遠。

承光是一個非常厚道的人，非常專注於事業的人，把意拳當成了自己一生的追求。從《意拳心法》一書中，充分感受到了承光這幾十年來的風雨坎坷路，他的執著精神，令人敬佩！

（二）

昨天上午，永廣來訪。他是一位微胖的帥哥兒，靦腆、謙虛、誠摯，且談吐不凡。我從心眼裏就喜歡上了他。

他出生在中國歷史文化古都的河北邯鄲，一個知識份子的家庭。父輩從政，但都喜愛文化藝術。提起這個人傑地靈的邯鄲，我心儀已久。它是我國太極拳宗師楊露禪和武禹襄的故鄉。我出生在南方的長江邊，幼年就讀私塾時，就聽老師講過，我國北方有個古文化名城叫邯鄲，是春秋戰國時期的「戰國七雄」之一的趙國都城。魏晉時，為「建安文學」的發祥地。「鷸蚌相爭，漁翁得利」、「完璧歸趙、不辱使命」等故事就放生在那兒。後我又得知，早在七千年以前的新石器時期，磁山古文化就誕生在這片熱土上。許許多多的成語故事都緣於此地，如「邯鄲學步」、「胡服騎射」、「青出於藍」、「破釜沉舟」、「黃粱美夢」、「毛遂自薦」、「負荊請罪」、「價值連城」、「一言九鼎」、

「奇貨可居」等等。

一方水土，養一方人。永廣從小就受到良好的家庭教育和濃郁的社會人文環境的薰陶。自幼好學，文武雙修，且十分刻苦。從 1999 年起，他師從意拳名家姚承光先生學習意拳，並有幸成為入室弟子。他習武特別專心，幾年來記錄了幾萬字的習武筆記和心得體會。他的《意拳心法》一書，實際上是他領略了承光先生傳授意拳的精髓，彙宗整理而成。今又編寫《中國意拳標準教程》，將中國意拳的技術體系比較全面地公諸於世，可以說對意拳的普及和推廣具有重大的意義。

這兒，不由得我想起了二千五百年前的孔子的門生們，為了紀念至聖先師、偉大的思想家孔子，他們把先師淳淳教誨的問錄和體會變成了《論語》一書，傳諸後世，稱為千古不朽之作。從某種意義上來講，永廣就是這麼一位弟子！一位刻苦鑽研、善於學習、努力進取的好弟子！正是這樣，就有了《意拳心法》，有了當今意拳這三部標準教程。

走筆至此，偶吟一詩，以示祝賀。

半部《論語》天下興，程門立雪示丹心。
前車後輒皆楷模，武壇弦歌萬世新。

於龍潭湖畔

目 錄

第1章 意拳基礎功法概述

第一節 意拳基礎功法簡述

經過近百年的發展，意拳已經形成了一套科學系統的訓練體系，無論是在健身還是在技擊方面，意拳都有許多顯著的成效。雖然意拳是以形意拳為基礎，吸收各家拳術之長而形成了自己的獨特風格，但它畢竟是一門年輕的拳術，仍需不斷地吸收中外拳術的科學訓練方法來充實和發展自己。

意拳基本功訓練的核心是：透過精神假借，意念誘導，在無力中求有力，不動中求微動，微動中求速動，速動中求取力的靈活運用。就是說要以站樁為基礎，在試力、摩擦步、發力等肢體不同的運動狀態下來求取渾圓力。所謂渾圓力，就是運用意念誘導全身上下、左右、前後四面八方意力，在矛盾相爭中達到平衡、均整、協調、渾然一體的力量。

在意拳的基本功訓練中始終將站樁放在首位，站樁訓練貫穿了整個意拳訓練過程的始終。意拳的站樁不是一種簡單的靜力性訓練，它不是以提高肌肉的耐力和力量為主要目的。而是在精神集中、周身放鬆、呼吸自然的原則下進行休息式的鍛鍊。不限制場地，不要求時間，更不講究大、小周天，調吸和意守丹田，在行、站、坐、臥等狀態下都可以練習。

從養生的角度來講，如此凝神定意一站，就能使身心得到鍛鍊，強身健體。而從技擊的角度來看，只此一站即可於無力中求有力，笨拙中求靈巧，微動中求速動，使精神意志、氣血筋骨都得到鍛鍊。

隨機隨勢應感而發，是意拳實戰的特點，因為意拳沒有套路和固定的招法，在技擊中只講究精神和肢體的鬆緊轉換，而意拳的技擊樁是神經和肌肉鬆緊轉換訓練的最原始狀態。

整個意拳站樁體系就是以養生樁為基礎，在掌握了養生樁「鬆」的感覺之後再向技擊樁「鬆緊」轉換的摸勁過渡，進而繼續運用精神假借，意念誘導，通過鬆緊轉換的摸勁，來培養強化周身上下、左右、前後平衡、均整、協調的拳術力量——渾圓力。

在意拳站樁微動的狀態下培養出來渾圓力之後，緊接著就要在緩動狀態下來求取渾圓力了，這就是試力的練習。試力（包括摩擦步，即腿的試力，就是在移動步子時，腳與地面不可接觸，在意念中與地面不停地摩擦著前進或後退）是站樁在空間的延伸。

練習時要用意不用力，慢勝於快，緩優於急，身體在

微動中求速動，同時還要照顧到整體的運動。

站樁是在精神和肢體相對靜止的狀態下培養渾圓力，而試力則是在肢體處於緩慢運動的狀態下，身體產生位移時繼續培養渾圓力。

試力的主要目的，就是在周身緩緩動起來之後，運用意念誘導、精神假借，繼續摸索、培養和強化拳術中的渾圓力，使肢體在位移狀態中仍能體會到均整、飽滿之力，並運用自如，為下一步隨機隨勢快速發力打下堅實的基礎。

當身體在緩動狀態下摸索到了渾圓力之後，就要進行意拳發力的練習了。所謂發力是指拳術有效打擊力量的動力，是意拳站樁、試力、走步等各項基本功的綜合體現。所以練習站樁、試力、走步的目的在於培養掌握渾圓力，為發力創造條件。意拳站樁、試力、走步的基本功紮實與否要經由發力來檢驗。

總之，意拳站樁是在肢體相對靜止的狀態下求取渾圓力，試力及摩擦步是在肢體處於緩慢地位移狀態下求取渾圓力，發力是肢體在疾速運動狀態下求取渾圓力。渾圓力是意拳訓練的核心，意拳整個訓練的過程實質上就是渾圓力的培養與運用。

意拳站樁、試力、摩擦步、發力等基本功是渾圓力的培養階段，而意拳的推手、散手部分則是渾圓力的運用階段。發力可以說是意拳訓練中由基本功向實戰過渡的樞紐，在整個意拳訓練中佔有極其重要的位置。

發力是技擊的基礎，沒有發力，技擊就無法進行。意拳訓練的系統性就體現在其訓練的程式一環扣一環，缺少

或顛倒了哪一環，都會嚴重影響練習的效果。所以，要系統地掌握意拳的訓練方法，就要循序漸進，不可本末倒置。

第二節 意拳基礎功法訓練的科學性

同其他運動項目一樣，意拳也是一項人體運動科學。要研究意拳，就必須摒棄一切迷信唯心的說教，將科學的理論與訓練實踐相結合。

可喜的是經過了王薌齋、姚宗勳、姚承光等幾代意拳人的不懈努力，意拳不僅保持了中國傳統武術的訓練模式，更為可貴的是意拳能夠與時俱進，積極大膽地吸收現代體育科學中的訓練方法，將生物力學、人體解剖學、運動生理學、心理學作為自己訓練的科學依據。

「善書者意在筆前，善畫者成竹在胸」，這充分說明了意識在任何一件事情中都有著很重要的引導作用。在拳術訓練中也是如此，離開了意念的誘導，力量的培養與運用就無從談起。因為拳術是肢體和精神的統一，沒有肢體的運動形式，精神就是空想；沒有精神的作用，肢體運動就成了盲目的運動。所以，意拳的訓練始終將意念的訓練放在首位。

精神假借，意念誘導是意拳訓練所始終堅持的重要方法。雖然說肌肉運動是人體運動的最終表現形式，但肌肉

運動離不開神經系統的支配，而神經系統又要靠精神意識的引導，所以從生理學的角度來講，任何人體運動都是在神經系統的支配下，肌肉收縮作用於骨骼的結果。

也就是說以骨骼為槓桿，關節為樞紐，肌肉收縮為動力，使人體實現各種運動。而人體所能表現出來的力量的大小，除了與肌肉的解剖橫斷面的大小（即肌肉橫切的直徑）有關係外，特別重要的是還與肌肉的生理橫斷面有密切的關係。

所謂生理橫斷面，是指神經支配肌纖維的能力。一束肌肉有成千上萬的肌纖維，不管人體的高矮胖瘦，同一束肌肉的肌纖維數量是基本相同的。但是在一般情況下，多數肌纖維是不參與運動的，它們不接受神經系統的支配，我們稱這部分肌肉為休息肌。

而透過精神假借，意念誘導的訓練，可使神經支配肌纖維的能力得到改善和提高，也就是說能使更多的肌纖維同時參與收縮。

意拳由其獨特的訓練方法，強調意念的支配，強調精神意識的激發，因此，能在運動中充分發揮自身內在的能量和潛力。所以說拳術中精神意識的訓練是首要的。意拳以「意」為名，在訓練中突出一個「意」字，充分說明了意念訓練的重要性。

意拳以精神假借，意念誘導訓練為核心，由意念的訓練來促使人體神經肌肉達到高度的協調統一，肢體間能夠連成一個有機的整體，達到拳諺中所說的「拳無拳，意無意，無拳無意是真意」的神明境界。站在現代運動生理學的角度來解釋，這句拳諺是形容運動技能經過泛化、分化

之後，最後形成了自動化的過程。所謂泛化是指在初學時很生疏的階段；分化是指經過學習掌握了一部分技術，但還不是很熟練，有時候有，有時候又沒有；只有到了自動化階段，才能信手拈來，真正地掌握這項運動技能，到這個時候才可以談得上如何去應用。

意拳訓練將站樁放在首位，以相對靜止狀態的訓練使精神高度集中，並運用意念的誘導，來強化正確的條件反射，並發現不得力之處積極地去完善，以加快運動技能的自動化，形成牢固的動力定型，使自身達到高度的靈敏協調，並由神經肌肉鬆緊的相互轉換，使肢體各部位都能發揮出彈簧般的力量，周身整體「無處不彈簧」，使之在技擊中發揮出應有的作用。

在意拳的訓練過程中，鬆緊的訓練是很重要的。鬆緊是構成人體運動的基本矛盾，力量、速度、靈敏、協調、耐力等運動素質受人體肌肉鬆緊的制約。

意拳鬆緊既是肌肉的鬆緊的又是神經和精神意識的鬆緊，首先是神經和精神意識的鬆緊，意拳訓練就是在這種神經肌肉鬆緊相互轉換的過程中，促使人體神經和肌肉達到高度的協調統一，使肢體間連成一個有機的整體，即所謂的「周身一動無不動」，即是前面所講的達到周身勁力的渾圓狀態。

渾圓力的培養與運用是意拳訓練的最終目的。而渾圓力的形成，是在精神假借，意念誘導的基礎上，由神經肌肉鬆緊的相互轉換，使人體產生上下、左右、前後六面爭力的基礎上逐漸豐富和完善的。但並不是說自身有了渾圓力，我們就可以隨心所欲了，渾圓力的運用同樣需要運動

力學原理的指導。

意拳訓練中如果缺乏科學的力學原理的指導，即使你的渾圓力培養得再好，也只能是「茶壺煮餃子，有貨倒不出」。而力學原理中例如槓桿、螺旋、滑車、斜面、三角、摩擦、力的平衡、力的對偶等基本知識，都能有效地指導我們更為科學地運用渾圓力。所以，我們不僅要理解，更要深刻地去研究力學原理，只有這樣意拳的渾圓力才能運用自如。

總之，意拳基礎功法訓練的科學性主要體現在它是將中國傳統武術訓練方法與現代運動訓練學相結合，是科學系統化的中國拳學。學習意拳不僅要有恒心、信心，更要以科學的理論為指導，不斷總結訓練經驗，只有這樣才能「升堂漸入室，所學與日增」。

第2章 意拳基礎功法的系統講解

第一節 意拳樁法

一、意拳健身樁

(一)意拳健身樁概述

健身樁是意拳的基本功，也可以作為一種醫療體育，使從事健身樁鍛鍊的人，有病去病，無病健身。它不限年齡、性別、身體強弱，不拘場地大小，人人都可隨時隨地練習，所以說這是把鍛鍊與休息統一起來的一種運動。只要方法得當適度，對身體有百利而無一害。

實際上，練習健身樁的作用一方面使中樞神經休息調整，另一方面促進血液循環。中樞神經得到休息調整以後，調節皮質下中樞的功能就增強。

血液循環加強能使組織細胞的新陳代謝更加旺盛。所

以，健身樁對神經系統、呼吸系統、循環系統、消化系統、肌肉系統等各個方面的症狀，特別是急性轉為慢性的病症都有良好的輔助性療效。

(二)健身樁基本要點

健身樁大致可分為站、坐、臥三種，一般以站勢為主。在進行健身樁鍛鍊時，要注意以下幾個要點：

1. 精神集中

首先要凝神定意，目光遠望，默對長空，掃除萬慮。

2. 周身放鬆

精神和肢體、內臟都要盡可能保持鬆弛，既要保持姿勢又不要用力，即所謂「鬆而不懈，緊而不僵」。

3. 暢

氣不可沉，不可提，更不可憋氣，要勻靜自然，切莫人為造作。如感呼吸不適，可改為口鼻同時呼吸，緩緩長出氣，至舒適為止。

(三)健身樁對身體各部位姿勢的基本要求

在練習健身樁時，全身關節都要有自然微屈之意，成為鈍角。雙腿要平行站立，兩手高不過肩，低不過臍，遠不逾尺，近不貼身，右手不往身左去，左手不向右身來。其中對身體各部位的具體要求如下：

1. 頭　部

頭要正，頸要直，下頷微收，頭頂似有小線上提，似頂非頂。

2. 牙　齒

牙齒要自然銜接，不可用力扣合。

3. 舌　頭

舌尖微微翹起，但不要抵觸上腭。

4. 口　鼻

兩唇稍露縫隙，似笑非笑，以放鬆面部頸部的肌肉。呼吸要勻細無聲。

5. 眼　睛

雙眼可輕輕閉和，也可睜開，雙眼將目光看向斜前上方，但不可仰視。遠望前方景物時，要感覺其為薄霧所遮，隱約可現，此乃神意內斂之意。

6. 耳　朵

凝神定意，氣和心平，要有「斂神聽微雨」之意，好像極細微的聲音都能隱約聽見。

7. 胸腹部

脊柱要自然豎直，肩要平，不能聳；臀部要正，似坐高凳一般；胸窩微收，寬腰鬆腹。

8. 足　部

兩足平放，與肩同寬，足心自然形成涵虛之狀，腳趾似有扒地之意，膝部微屈同時上提。

以上所提到的要求，不可執意追求，要在似有若無之間去體察，在自然中逐步形成。

(四)健身樁意念設置

健身樁練習的主要目的就是放鬆身心，而放鬆首先是精神的放鬆，精神放鬆需要良性意念的誘導，所以健身樁的意念一定要以輕鬆舒適為益。

練習時，要始終保持周身意力不斷，虛靈挺拔，輕鬆均整，以舒適得力為目的。可假想周身浸泡在溫泉水中，水波蕩漾，周身通泰，好似溫水滲透到體內一般；也可假借站在大山頂上，身如巨人，俯瞰大地，高山峻嶺，江河湖泊，盡收眼底，心胸開闊，氣貫長虹；也可以想像自身站在世外桃源之中，蒼鬆翠柏，鳥語花香，晨光初照，空氣清新，在這優美的環境中，我們感到遍體通泰，胸臆大開。

總之，健身樁的意念活動很廣泛，只要是有益於身心健康的輕鬆舒緩的意念都可以嘗試一下。但在初級階段，要以一兩種意念為主，練習時不可拘泥，不可執著，要順其自然。

(五)健身樁的健身原理探析

意拳健身樁，表面上看好像樹樁一樣站著不動，實際上當你保持這種姿勢時，你身上的許多肌肉都呈張力性運

動，有成千上萬個肌細胞參與運動，所以說站樁是一種形體變化較少但偏重於內在的運動。

站樁時要求我們精神集中，全身放鬆。為什麼要放鬆呢？從生理學的角度來講：鬆靜能誘導交感神經興奮性減弱，副交感神經興奮性增強。由於內外環境的影響，機體處於緊張狀態時，所表現出心律增快，呼吸失常，血壓升高，耗氧量增多，以及異常緊張時皮膚蒼白，出現冷汗，毛髮豎起的現象，就是由於交感神經興奮性增強，大量機體細胞參與活動，消耗能量所致，故緊張過後會感到不同程度的疲勞。

所以說，緊張是一種耗能狀態，久之，就會使機體平衡失調，導致各種疾病的產生。

而健身樁的鬆靜能有效地抑制交感增強神經的興奮性，而增強副交感神經的興奮性，此時機體表現為心律減慢，血壓下降，呼吸平衡，耗氧量減少，大腦細胞得到充分的休息調整，中樞神經系統的緊張性下降，功能處於抑制狀態，增強了機體對內外環境的感受性，並由生物回饋對機體進行調整，促進血液循環，增強新陳代謝。在鬆靜狀態下，練習者表現為心情愉快，輕鬆舒適。所以，鬆靜是一種節能、蓄能狀態，久之自然會調整機體平衡，抑制各種疾病的發生，這就是健身樁健身原理之所在。

(六)健身樁功法精講

1. 平步撐抱樁

【身體間架要求】兩腳分開與肩同寬，足心涵虛，足趾

圖 1-1

似有扒地之意，周身自然直立，不偏不倚，舒展大方，頭頂似有小線上提，似頂非頂，肩要平，不可聳，臀部略向後，似坐一高凳，假借身體後面有微微擠靠大樹之意。（圖 1-1）

【意念假借】雙手慢慢抬至胸前，掌高肘低，掌心向內，五指相對。意想五指縫中各夾一棉球，兩手之間相距二至三拳，雙手距胸尺許遠，雙手似抱一氣球，球與胸部、腹部、手臂內側、手掌、手指輕輕接觸，用力抱，球要癟，無意抱，球要飄。總之，要以雙手、雙臂、胸部、腹部細心體會紙球的存在即可，姿勢站好後，意念假借，周身站在齊腰深的水中，雙手、雙臂放鬆地搭在漂浮在水中的球上，僅用能撐起雙臂的勁力即可。

站樁時，面部表情似笑非笑，兩唇稍露縫隙，面部、頸部肌肉要輕鬆舒適，呼吸要勻細自然，雙目平視微向前上方，遠望前面景物似為輕霧所遮，隱約可見，朦朦朧朧，心平氣和，凝視靜息，細心聆聽微雨落在樹枝或地面上所發出的極細微的聲音；或站在風景優美的世外桃源中，蒼鬆翠柏，鮮花盛開，鳥語花香，使我們感到遍體通泰，胸意大開；或站在溫泉水中，溫暖的泉水從身後緩緩蕩漾而來。著意體會泉水與身體有微微地摩擦和微微推動

圖 1–2

身體向前之感。身體的正面彷彿有水微微的阻擋。反之泉水從前面緩緩蕩漾，身體的後部彷彿有水微微地阻擋。

以上所提的這些要求不可一味地刻意追求，最好是在自然中逐步形成。

2. 平步托抱樁

【身體間架要求】托抱樁站立的步法與撐抱樁相同。其雙手抬起，前伸距自己腹部30公分左右，兩手相距約二至三拳，掌心向上，手指微屈。（圖1–2）

【意念假借】手臂內意念側抱一氣球，要有朦朦朧朧的感覺；雙肘意有外撐。托抱樁的練習方法就好像將撐抱樁中所要求雙手、雙臂攔腰抱球，變為輕輕托住氣球底部兩側，要有不被微風刮跑之意。其意念活動依然可採用撐抱樁的意念，睜眼或閉眼練習均可。

托抱樁的練習主要是輔助撐抱樁練習中出現手臂酸脹，背部、腰部酸痛時，減緩運動量的練習手段，也非常適合意拳初練者及體弱多病的朋友們練習。在站撐抱樁時如果感到身體勞累，可以托抱樁進行輔助練習。

3. 平步提插樁

【身體間架要求】平步提插樁身體站立的姿勢要求與

平步撐抱樁相同。所不同之處是，雙手由撐抱樁的抱球姿勢變為下垂，分別置於體側大約個 15 公分，手心相向，手指微張，十指尖有直插入地之意，只可用意不可用力。同時兩肘稍彎曲，並向斜後方微微提起，腋窩自然微微張開，雙手臂內側與身體的兩側各夾一紙球。寬胸鬆腹，周身放鬆。（圖 1–3）

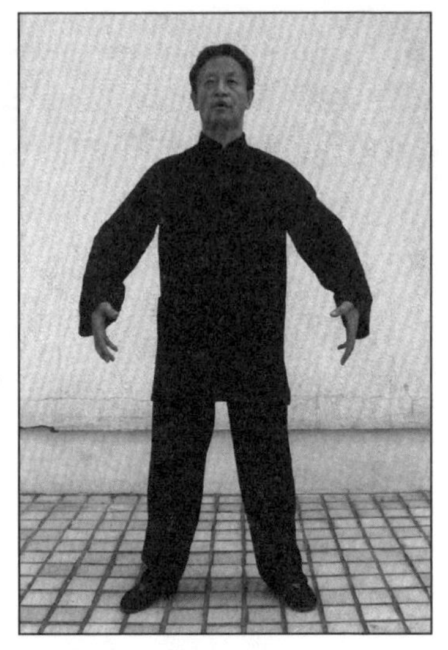

圖 1–3

【意念假借】在運用意念時假借身如巨人一般周身站在海水之中。胸部以下都浸泡在水中，水微微蕩漾著身體，雙手五指有插入水裏的泥沙之意。水從前面向身體輕輕推來，這時要細心體會身體被水推動向後微微晃動時的阻力感，兩腳趾有微微扒地之意。身體後面都要有被水阻擋之意，同時配合體會兩腿內側似有微微外分、頭微微上領和兩腿有微微向後晃動的三種力量。在身體被水推動向後晃動的瞬間，雙臂的後部也同時體會與水有輕輕阻擋之意。由於身體帶動手臂向後晃動時將雙手五指微微向後划開泥沙，要細心體會手指划開泥沙時的阻力感，同時體會雙臂微微上提、外分、向後的三種力量。

反之，當身後的水緩緩向前推來，身體彷彿被水微微向前推動，同時體會身體前面有水微微阻擋之意。同時，意念兩腿內側的彈簧有微微地向內、向前，雙腳掌有微微

圖 1–4

下踩的三種力，在身體向前晃動的瞬間，雙臂也同時配合有向前推動水的阻力感，雙臂內側有微微擠合，雙手五指有微微下插之意，要著意體會身體在向前晃動時，有向前、擠合、向下的三種力。

4. 平步俯抱樁

【身體間架要求】平步俯抱樁身體站立的姿勢要求與平步撐抱樁相同。其兩手慢慢抬至與肩平行位置，指尖相對，十指分開微屈，兩手相距二至三拳，手心向下，距胸部約尺許。（圖 1–4）

【意念假借】周身站在齊腰深的海水中，雙臂內側似抱一氣球，雙手五指橫向似有彈簧微微牽引，雙臂及手掌放鬆的搭浮在水中漂浮的氣球上，海水從前向身體正面緩緩流過來，彷彿微微推動胸部以下部位，同時身後有水微微地阻擋。

這時要著意體會水與身體之間的阻力感，並意念假借把雙臂內側的氣球微微外分，似把手臂下面扶按的氣球微微回拉上提，彷彿把五指間相繫的彈簧微微地分開，身體向後微微一動即止，雙手五指間、雙臂內側似有向內擠合氣球之意，手臂下側似有按球之意。練習時要用意不用力，其他意念活動與撐抱樁相同。

5. 平步扶按樁

【身體間架要求】身體站立的姿勢要求與平步撐抱樁相同，兩手前伸尺許，約與腹部齊高，相距約三拳左右，手心向下，手指微屈且向前指。（圖 1–5）

【意念假借】姿勢站好後可意念假借站在齊胸深的水中，兩手（包括手指下部、掌心、掌根、手臂下部）輕輕地按在水中漂浮的木板上，雙手的十指與河岸上的樹或者牆壁上的彈簧微微相牽，雙手臂內側也要有彈簧微微相牽之意。當身體在河水中微微向後下晃動時，要細心體會身體後面有微微擠動水的阻力感，這時由於身體向後自然帶動了雙手十指把繫在河岸上的彈簧微微拉長，同時也將水中的木板微微拉動，一拉即止，隨即身體再向前晃動。這時，由於身體微微向前地移動，而頂著雙手的十指把繫在河岸上的彈簧有微微頂回去的感覺。同時假借將雙手扶按在水中的木板彷彿有輕輕向前推動之意。

練習前後摸勁時需要注意的是：身體的動作一定要小，微動即可。

6. 平步推托樁

【身體間架要求】身體站立的姿勢要求與平步撐抱樁相同，慢慢將雙手舉起放在眉毛前面尺許遠，略低於眉。手心相前，相距二至三拳，同時掌心稍向內收，手指微屈自然張開，兩手呈半推半托狀，距胸約尺許。（圖 1–6）

【意念假借】這時意念兩手掌托著一個很大的紙球，紙球輕輕地坐落在雙手掌根處，雙手五指輕輕抓球，既不

圖 1-5

圖 1-6

可它脫落，又不可抓癟。同時，假借抬起的雙臂似輕輕搭在水面上的木板上，使整個肩部與手臂儘量保持放鬆狀態。同時要假借手臂內側、腕部、手背部也輕輕地抱一紙球，要有朦朦朧朧、似有非有之意。

這時假借身體站在水中，水緩緩流向我身體前面，要細心體會全身被水推動向後微微晃動的阻力感。雙腳五趾似有微微扒地之意。在身體被水推動向後晃動的瞬間，將雙手五指及手臂內側間相繫的彈簧微微外分，利用身體後靠時，帶動雙臂有向後，兩肘及手臂根部有向下的三種力量。在身體後靠的瞬間，同時配合雙腿分開內側（包括大腿根部，小腿內側，雙腳內側）相繫的彈簧有微微外分，臀部微微下坐後靠，雙腳掌五趾微微扒地，頭微微上領的三種力量。反之，當身後的水緩緩向前推來時，要細心體

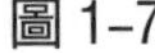

圖 1–7

圖 1–7 背圖

會水向前推動時的阻力感，雙腿同時配合有向內擠合，有微微向前和前腳掌輕輕踩地的三種力量。當身體向前微動的瞬間，舉起的雙臂內側、手腕部、手指內側相繫的彈簧有微微向內擠合、向前、向上的三種力量，額頭有向前、向上微頂的意思。站樁時，只可用意去微動，不可用拙力去求取。

7. 平步休息樁

【身體間架要求】身體站立的姿勢要求與平步撐抱樁相同，這時將雙手背在身後，以手背的腕關節部，輕輕地置於腰際髖關節部，兩臂自然彎曲成半圓形，腋半虛，雙手五指自然分開，雙手掌內似各握一紙球，用意不用力。（圖 1–7）

【意念要求】站樁時的意念活動，及周身放鬆呼吸自然，精神集中的要求，與平步撐抱樁的意念要求相同。

【作用及功效】對神經衰弱的患者有一定的輔助恢復作用。

8. 半伏式撐抱樁

【身體間架要求】練習時，雙手放鬆地扶按在齊肩高的桌椅或其他物體上，雙手的姿勢為平步撐抱樁間架，兩前臂及雙肘搭扶在桌面上，身體成半扶狀，頭頂自然頂豎，脊柱要自然伸展，臀部要稍向後下方微坐，身體重心仍然放在兩隻腳掌上，儘量不要使雙手臂過於吃力，兩腳分開與肩同寬或稍寬一些，成外八字形，胸腹部要放鬆。（圖 1–8）

【意念要求】意念假借彷彿內臟貼敷在胸腹壁上，頸部要注意放鬆，眼睛要直視地面或閉目去練，額頭部可放鬆的枕在桌面上，也可與桌面保持一定的距離。如果感到桌面木質堅硬的話，可鋪上一塊柔軟的毯子或鬆軟的枕頭，總之要以舒適為宜。練習時意念活動與平步撐抱樁的意念要求相同。

圖 1–8

【作用及功效】此樁法是意拳最基礎的養生樁法之一，

它對消化系統及腰部的疾病有較好的療效。

9. 坐式踩棉托抱樁

【身體間架要求】身體自然端正地坐在床上或椅凳上，後背輕輕地靠穩，大腿平伸，小腿直立與地而成直角，兩腳平行分開或成外八字，腳掌著地，寬與肩等，兩手掌背面，腕部背面輕輕搭在大腿根部，手心向上，手指相對，兩手相距約兩拳距離。臂半圓，腋半虛，周身放鬆。（圖1-9）

【意念要求】意念假借雙腳踩在鬆軟的棉絮上，手臂內側似輕輕托抱一紙球，表情要輕鬆愉快。感覺如坐在齊胸深的溫水中休息一般，溫水蕩漾著身體，倍感輕鬆舒適。同時，採用平步撐抱樁的意念活動，意念不可拘泥、呆板，怎樣輕鬆舒適就怎樣去練，要保持身體內外的放鬆，呼吸自然，睜眼或閉眼均可。

【作用及功效】一般適用於病情雖然較重，但身體又有一定負擔能力，以及肢體殘缺的患者。另外，它也可作為以站式練功為主的一種輔助功法。

10. 坐式勾挑撐抱樁

【身體間架要求】身體自然端正地坐在床上或椅凳上，使臀部及大腿著於其上，後背輕輕地靠穩，大腿平伸，小腿直立，與地面形成直角，兩腳平行分開或成外八字，膝窩置於床邊或椅凳邊上，膝部略有伸直之意，足尖微微回勾，腳跟抬起離地面約4、5寸，兩手成抱球狀（手的姿勢與平步撐抱樁相同）。（圖1-10）

圖 1-9

圖 1-10

【意念要求】意念活動可採用坐式踩棉樁或平步撐抱樁的意念。練功時，如果手臂感到比較疲勞，可將雙手臂放低呈坐式托抱式。如果雙腿感到疲勞，可將雙腳放在地面上，雙腳踝部略微回勾。總之，練習時不可拘泥，呆板，怎麼輕鬆舒適就怎麼用意念去誘導，要始終保持身體內外的放鬆，呼吸要自然，睜眼或閉眼練習均可。

【作用及功效】同上。

11. 臥式扶按樁

【身體間架要求】仰面平臥在床上，頭頸部可以稍微墊高成坡狀，其坡度大小以感覺舒適為度，面部表情要似笑非笑，兩腿平放，兩足分開大約與胯同寬，足尖微微回勾，兩手臂輕輕置於體側的床上，掌根著床，五指分開如

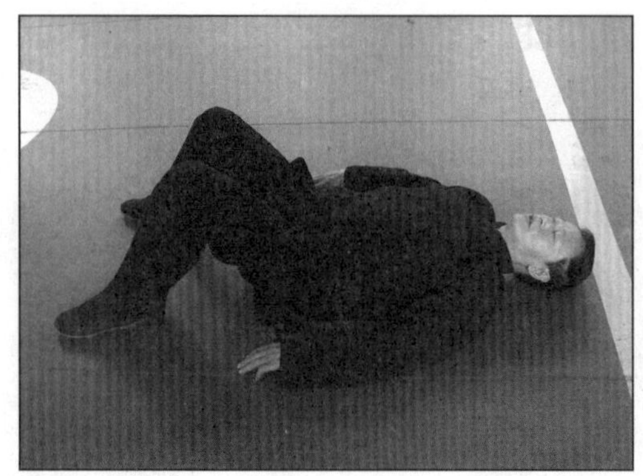

圖 1-11

扶按狀，周身放鬆，呼吸自然。（圖 1-11）

【意念假借】意念假借周身躺在鬆軟的棉絮中，非常舒適。同時也可以假借自己躺在溫暖的泉水中，泉水蕩漾，輕輕撫過自己的身；或自己躺在雲霧中，飄飄然然，彷彿在欣賞大自然中美麗的風光，甚至忘掉了自己在練功。

【作用及功效】一般適用於重病或不適宜起床的患者，也可作為以站式或坐式練功為主的一種輔助功法。

12. 臥式撐抱樁

【身體間架要求】仰面平臥在床上，頭頸部姿勢同臥式扶按樁。兩腿成弧狀，足跟著床，足尖微微回勾，兩手抬起，手指微微分開，雙肘輕輕著於床上，如抱球狀，設想身下好像沒有床一般。（圖 1-12）

【意念假借】其意念活動可採用臥式扶按樁的要求去練。練功的時間可以自己決定，要以輕鬆舒適為度。

【作用及功效】同上。

圖 1-12

(七)健身樁練習應注意的問題

1. 關於身心放鬆的問題

身體的放鬆首先應從精神放鬆入手，一定要自然，站樁時不要總是想著自己是在練功，總是琢磨自己的姿勢正確與否，因為你的精神處於緊張狀態，你所做的動作必然造作，肌肉反而不能放鬆。要想像自己是在公園裏散步，觀賞著美麗的景色，呼吸著新鮮的空氣，甚至可以嗅到松柏的香氣，而自己所擺的姿勢只不過是按照要求站著休息一下而已。這時你的思想和肌肉將自然進入練功狀態，這正是健身樁所要求的放鬆。

2. 關於精神集中的問題

有些練功者練習時往往感到精神集中很困難，有時愈想集中，愈思緒紛繁，對此我們可採取「來者不拒，去者

不留」的態度，聽其自然，把精神稍稍引向比較快樂的事，或想像自己在一個優美的環境中，觀賞著美景。

使用這些辦法不強制排除雜念，而自然地起到了排除雜念的作用。

3. 關於呼吸的問題

站樁時的呼吸要完全聽其自然，因為呼吸是人的生理本能，一有矯揉造作，往往有害無益，所以練習時不應故意長呼吸或憋氣。隨著練功時間的深入，在自然呼吸的基礎上逐漸會形成深、細、勻、長的腹式呼吸。

而站樁時呼吸的最高境界就是忘記呼吸，似乎不在進行呼吸，但呼吸仍在自然地進行著。

4. 關於運動量的問題

練習站樁時，要做到「舒適得力，適可而止」，具體而又靈活地掌握運動量。初學者最好是留有餘力，因為運動量的掌握與控制，直接影響著鍛鍊的進步和效果，以及鍛鍊的興趣。

站樁的運動量應控制在以心臟的搏動及呼吸的次數不失常態為準。當日除練功外，在沒有其他大的體力勞動的情況下，次日清晨起床時，不感到疲勞為度。總之，練功後精力旺盛，是運動量恰到好處的標誌。

5. 關於身體內部機能變化問題

站樁過程當中，由於體內機能變化，會出現種種不同的反應。如酸痛感、麻脹感、溫熱感、振顫感、舒暢感等

等，以上感覺會因個人的年齡大小、體質強弱、病變的程度、生活的習慣，以及資歷、愛好、性格的不同而各異。

6. 遵循一般醫療體育的要求

所謂遵循一般醫療體育的要求，如練功前排除大小便，衣著要薄厚適度，合理地安排運動量，儘量選擇空氣清新、環境優美、視野開闊的地方練習。夏天不可在陽光下暴曬，冬天要避免寒風直吹。出汗後要注意受風著涼等等。總之，要儘量避免或減少外界的不良干擾和影響。

健身樁的練習，是由良性意念的誘導，配合合理的姿勢間架，來進行一種神經肌肉鬆靜的訓練。此種訓練除能達到一定的健身目的之外，還可以在練習過程當中去掉人體局部僵緊注血之力，從而形成適合於拳術運動的均整協調的整體力。即經由健身樁「鬆」的訓練，逐漸地向技擊樁「鬆緊的轉換」訓練過渡。

二、意拳技擊樁

(一) 技擊樁概述

意拳認為：渾圓力是拳術的基礎，沒有渾圓力就談不到如何掌握技擊的功夫，而技擊樁是求取渾圓力最好的方法。因為站技擊樁時身體採用一定的姿勢，在相對靜止的狀態下容易集中精神，凝神定意，達到神不外馳，意念高度集中的境地，進而由精神假借，意念誘導，摸索到似鬆非鬆，鬆而有力的意中之力，並逐漸地體會到一動無不動的周身整體之爭力。同時在相對靜止狀態下，透過意念活

動還容易控制和變換力的方向。

意拳技擊樁是在健身樁「鬆」的基礎上開始向神經肌肉「鬆緊」轉換的訓練過渡。意拳認為，鬆緊是構成人體運動的基本矛盾，諸如力量、速度、協調性、耐力等運動素質無不受人體神經肌肉鬆緊的制約。意拳全部的訓練內容就是如何正確培養掌握和運用「鬆緊」的問題。所謂「鬆緊」既是肌肉的鬆緊，又是心理的鬆緊，而首先是心理的鬆緊。

技擊樁鬆緊轉換的訓練是由摸勁的形式來完成的，所謂「摸勁」，是指在思想高度集中的情況下，以舒適、協調意力飽滿為原則，運用不同程度的意念誘導，結合合理的姿勢間架，放鬆、緩慢、均匀的揣摩、體會站樁中鬆緊轉換的力量。

總的來說，意拳技擊樁就是在精神假借，意念誘導之下，運用整體摸勁的運動形式，進行神經肌肉鬆緊轉換的訓練，以求得全身上下、左右、前後，四面八方意力在矛盾相爭中所達到的平衡、均整、協調，渾然一體的力量，即所謂的「渾圓力」。

(二)技擊樁的基本要點

練習技擊樁時同樣要注意精神高度集中，呼吸通暢，周身自然放鬆。精神集中，應敵時才能全神貫注，從容以對；呼吸通暢，體力才能持久；周身放鬆，才能使動作敏捷，反應迅速。

在此基礎上，要進行精神自我放大的訓練。設想四面八方都以自身為中心，自己則如參天巨人一般，昂首獨立

於一望無垠的大草原上，要有「欲與天公試比高」的宏偉氣勢。練習時要形鬆意緊，周身關節都要形屈力直，周身鼓蕩，內外牽連，雙膝撐拔，推挽不動，肩要撐，肘要横，撐抱互相作用，但不要有絕對的力量。

(三)技擊樁對身體個部位的基本要求

技擊樁在外形上與健身樁有很大的區別。健身樁以平步站立，技擊樁則採用丁八步站立，很像部隊裏的「稍息」動作。這種姿勢能使身體重心穩固，暴露面積小，出擊靈活，便於啟動，能夠隨時應付技擊中的各種情況，有利於攻防動作的實施。

頭部：頭的位置對人的整體運動非常重要，不同的頭部位置可引起不同的姿勢反射。頭頂好像有小線上提，似頂非頂，頸部微擰。左足在前時左擰，右足在前時右擰，下頷微收，頸下若能容球。

肩部：脊柱自然豎直，兩肩鬆垂，向左右兩側微微擴張，腋下若能容球，心窩微收，胸虛背圓。

手部：兩手相距約三拳，十指張開，虎口微撐而指尖微斂。掌心內吸，有持物不使墜落之感。要求高不過眉，低不過腹，前伸不過足尖，後撤不可貼身。

牙齒：上下牙齒要銜接而微錯，不可用力叩合。

腿部：兩腿支撐體重的力量，大約是前三後七，以後腿不用力，前腳就能提起為度。兩腿外沿似有力向內滾裹，同時兩膝似有力向外翻張。

舌、耳、鼻等部位與健身樁要求相同。

(四)技擊樁意念設置

健身樁練習中，要求的是輕鬆舒緩的良性意念，主要是誘導身心的放鬆。而在技擊樁訓練中，由於我們要練就凝重渾厚，當之即催的精神氣概，所以在意念上就要比健身樁激烈得多，精神要高度集中，全體收斂，周身鼓蕩，如臨大敵，當有一觸即發之勢。

技擊樁意念練習可分為三個階段，每個階段都有不同的要求。

1. 前後、開合、上下摸勁

此為摸勁的初級階段，要遵循一定的程式，主要培養自身爭力，以小範圍意念假借入手。

以渾圓樁（左式）為例：姿勢站好後，假想我們周身被一棵參天巨樹所包裹，要著意體會身體與樹融為一體的整體感，而後設想頭與前腳，後頸與前手，兩肘之間，兩手腕部，雙手五指，後胯與前膝，兩腳上部踝關節，肩與胯、手與腳、身體各部直線、斜線交錯相爭。薌老描述其為「爭力是無所不爭，四肢百骸，大小關節無處不爭。虛虛實實，鬆鬆緊緊，還是爭力，不爭就使不出力氣來，宇宙間無處不爭，自己與自己的四肢百骸爭，總之要全體渾圓一爭」，即「周身無處不彈簧」。

這是自身內部之爭，是培養自身爭力，撐起樁架的必經之途。其摸勁時要遵循一定的程式，如懷抱大樹向後摸勁，右腿緩緩向後下坐靠，兩腿之間內側微微外分，意念左腳五趾扒地，膝關節微微上指，頭與前腳的彈簧微微上

下相爭，注意體會兩腿之間有向後，外分，上提三種力，需特別注意的是這三種力要以後拉之力為主，以外分、上提之力為輔，向後一拉即止，隨即再向前推動大樹，要體會前推、擠合、下按三種力，依然是以前推為主，以擠合、下按之力為輔。如此類推，開合、上下摸勁同樣有主次之分。

這樣做的目的就是在單一摸勁時以主次兼顧的形式，突出意拳重視周身整體訓練的特點，同時，在意拳爭力培養的初級階段，設置一定的程式，便於初學者入門掌握。

2. 打亂程式摸勁

此為摸勁的中級階段，已打亂單一摸勁時固定的程式，在自身爭力建立的基礎上，加強自身與外界相爭，此時意念應逐步放大，使自身與外物相連。

經過以上前後、開合、上下三種摸勁的練習，自身具備相當基礎之後，就可進行技擊樁打亂程式摸勁的練習。

原來摸勁時要遵循一定的規律，向前必須向後，有開必須有合，上提後一定要下按，而打亂程式則要求上來可先將樹拔起，隨即就分開，一分開就回拉，一回拉就擠合，一擠合就下按，一下按就前推。同時意念上也要逐步放遠放大，由原來意念巨樹裹身之自身之爭而逐步過渡到自身與身外之物相爭。如設想自身如巨人，聳立於天地之間，四面八方皆以已身為中心，自身一動，就有帶動山川河流隨之而微動的感覺，此目的就是打亂原來單一摸勁時的固定程式，突出意拳實戰時隨機隨勢應感而發的特點，同時意念也要無限放大，以培養實戰時「欲與天公試比高」的大無畏精神氣概。

3. 六面力同時摸勁

此為摸勁的高級階段，已沒有任何程式，自身已與外界乃至整個宇宙融為一體，周身鼓蕩，鬆緊轉換的頻率極快，體內產生高速且振幅極小的顫動，如疾速旋轉的陀螺，以物擊之，觸之即潰，精神意識高度集中，假借周身毛髮無限延伸，忽忽悠悠，飄飄蕩蕩，於宇宙中飛舞，看似輕鬆自然，實則殺機無限，此時如有顆粒灰塵觸及髮尖，周身各處的毛髮瞬間則變成根根極柔韌的鋼鞭，猛然一緊，如炸彈一般，將全部力量抽向顆粒灰塵。

同時，要時刻高度警惕襲來的灰塵，即使灰塵觸及毛髮的速度再快，數量再多，內在的精神意念總要超前地將其全部籠罩，精神狀態高度激發，隨時控制全身各部神經肌肉，對來自不同方面的刺激皆應感而發，其勢靈敏、迅猛、連續，最後達到一種「不碰上就什麼也沒有，而在哪兒碰上哪兒就有的奇妙感覺」，即前人所謂「拳無拳，意無意，無拳無意是真義」，「不期然而然，莫知之而至」的拳學化境。

用現代運動觀點解釋就是由不斷地強化中樞神經系統，建立正確動作定型與條件反射，從而使神經肌肉達到高度協調統一所體現出的一種運動自動化狀態，就是一切動作皆隨心所欲，在有意與無意之間完成。姚宗勳先生曾精闢地比喻為：「善於游泳的人，往往忘記了水的存在，正因為忘了水的存在，游得更悠然自得。」

關於技擊樁的摸勁在意拳發展上，有這樣一件事：當年薌老教技擊樁，一上來就讓學生體會摸索「整體渾圓力」，這是非常困難的。姚宗勳先生認為自己很笨，這樣做根本體會不到，於是就偷偷地將整體渾圓力拆開來一個勁一個勁去找，先前後，再上下，再開合（左右），單勁找齊了，再將前後、上下、左右的程式打亂，最後達到六面力同時摸勁兒，即薌老所要求的整體渾圓力。這種分對組合的摸勁方法使姚先生的勁兒找得最快最整，大大提高了意拳站樁摸勁的品質，也充分體現了姚先生「師古而不泥古」的開拓創新精神。

經由以上三個階段的摸勁訓練，可練就以下技擊的基本條件：

（1）培養凝重渾厚、清逸大勇、鬥志昂揚、所向披靡、當之即摧的大無畏臨戰精神氣概。

（2）培養平衡、均整、渾圓一體的力量，能在剎那間調動周身各部位相應一致地發出最大的力量，並能隨意控制和變換力的方向。

（3）能夠使呼吸通暢，有效地調節周身的鬆緊，在實戰中保持體力。

(五)技擊樁練習增長力量的原理解析

實戰中力量的培養與運用是首要的，沒有力量，所謂的速度、協調等素質都無從談起。意拳的力量訓練與其他拳種不同的是，其注重精神意識的練習。意拳認為，意念是拳術的靈魂，因為任何人體的運動都是在神經系統支配下肌肉作用於骨骼和肌肉的結果。而神經系統又受精神意識的控制，所以精神意識在力量訓練中是首要的。

從生物學的角度來講，人體力量大小除與肌肉解剖橫斷面大小有關外，與肌肉的生理橫斷面有著更為密切的關

係。所謂生理橫斷面，是指神經支配肌纖維的能力。一束肌肉有成千上萬的肌纖維，不管人的體形如何，同一束肌肉的肌纖維數量都相差無幾，但在一般情況下許多肌纖維很少甚至不參與運動，神經系統對這部分肌纖維形不成協調統一的支配，在這樣情況下人體運動所表現出的力量則是局部、分散的力，雖經由外在訓練也能迅速提高此力的威力，但這只是僵硬、呆板、不靈活的死力。

要想在實戰瞬間將全身力量集中一點，疾速爆發，並隨意控制和變換力的方向與大小，就必須訓練神經，因為這一切運動都是神經指揮肌肉，肌肉作用於骨骼所形成的。而神經系統在很大程度上受精神意識的控制，所以進行不同程度的意念誘導訓練，使自己的精神意識經常處於一種如臨其境的氛圍中，突出意念誘導的真實性，意念誘導越真實，就越能有效地刺激神經，增強其靈敏性和應激性，改善和提高其支配肌纖維的能力，從而調動更多的肌纖維同時參與收縮，而拳勁的本質就是由神經支配肌纖維能力的大小所決定的，故其支配能力越強，越完善，肌纖維收縮的能力也就越強，爆發出的力量也就越大，越飽滿渾厚。這就是技擊樁力量訓練的獨特之處。

(六)技擊樁功法精講

1. 渾圓樁

（1）渾圓樁身體間架基本要求

兩足跟併齊，雙腳腳尖 45 度分開呈立正姿勢。將右腳順著前腳尖的方向邁出一個腳掌的長度，再橫向向外移動

圖 1–13

一個腳面的寬度，左足跟微虛，這時兩腳站立的位置既像「丁」字步，又像「八」字步，所以叫丁八步，又名半丁半八步，身體重心分佈為前三後七。右腳前膝微屈，膝部微向前指，似有小棍支撐，左膝部似有小繩上提，足趾似有扒地之意。頭與前腳似有彈簧上下相爭，同時左胯略向後指，與右膝似有彈簧前後相爭，後胯略有上提之意。兩腿的大腿外緣微微向內裹，同時兩膝和小腿內側微微向外翻張。（圖 1–13）

雙手慢慢抬起，左前手高於嘴部位置，左後手抬起高與肩平，掌心向內。右掌心與右腳尖上下相對，左手心與左胸部相對，雙手前臂與肘部彎屈的角度不小於 90 度，右手位置略高於左手半拳，兩手相距二至三拳，十指分開，指間似夾棉球之意，虎口似撐，指尖微斂，掌心內吸，有持物不使墜落之意，掌心內吸，配合手指外張，似有線繩束縛欲張不得，吸吐相互作用，左手不往身右來，右手不往身左去，以鼻子胸窩為線，頭頂似有小線上提，似頂非頂，頸直立，不可用力，雙目平視左手虎口向上的方向，即所謂頭、手、腳三點一線。左足在前時，頭向左微擰，右足在前時，頭向右微擰，下顎微收，頸下好象微微夾一棉球，兩肩鬆圓向左右稍稍擴張舒展，脊骨自然豎直，身

體後部彷彿與樹有微微擠靠之意，腋下若能容球，心窩微收，胸虛背圓，上下牙齒要銜接，而微錯，不可用力扣合，呼吸自然，周身放鬆。

（2）渾圓樁的摸勁訓練

【渾圓樁前後摸勁訓練】身體呈渾圓樁基本間架，意念假借周身如巨人般環抱一棵參天大樹，並與大樹有融為一體之意。

練習向前摸勁時，左腳微微下踩、上站、前蹬，催動身體緩緩向前，前腳掌微微上踩，兩腿內側似有向內擠合，身體似有擠推大樹之意。此時，雙手、雙臂配合前推、擠合、微向下按之意。頭與前腳，似有彈簧上下擠合，一推即止，隨即練習向後的摸勁。

左腿微微下坐，兩腿內側似有彈簧微微上分，右腳五指似有扒地之意，膝部意向前指，微有上提之意。頭與前腳、後胯與前膝，似有彈簧微微上下、前後相爭。此時，雙手、雙臂配合回拉、外分、微微的上提。身體似有向後微微拉動大樹之意，一拉即止，隨即就可練習渾圓樁前後摸勁了，左式練習與右式相同。

【渾圓樁左右摸勁訓練】身體呈渾圓樁基本間架，意念假借周身與樹融為一體。

練習外分摸勁時，首先，把樹微微扒開一細小裂縫，左腿下坐，兩腿同時微微外分，前腳五指微微扒地，膝部略有上提，頭與前腳，後胯與前膝似有彈簧上下，前後相爭，頭向後上方微領。身體微微後靠。雙手五指、雙臂內側以及胸腹部同時有微微外分、回拉、上提之意，要以外分的力為主，回拉、上提的力為輔，將樹一開即止。隨

即，再把懷抱的大樹向內擠合。首先，後腳微微下踩、上站、前蹬，催動身體微微向前，似有擠推大樹之意，雙手，雙腿一定要同時向內擠合、前推、下按，前腳有輕輕下踩。身體向前微動時，以內合的力為主，前推、下按的力為輔，樹一合即止。隨即，就可練習渾圓樁左右摸勁了，左式練習與右式相同。

【渾圓樁上下摸勁訓練】身體呈渾圓樁基本間架，意念假借周身與樹融為一體，向上摸勁時，首先，後腿下踩、上站，微微前蹬，催動身體緩緩上升，頭似有上頂之意，彷彿帶動大樹上提。兩腿內側似向內擠合，前腳掌輕輕下踩，雙手雙臂內側似把懷抱的大樹微微上提，同時配有擠合、前推之意。以上提的力為主，擠合、前推的力為輔。這時，頭與後腳似有彈簧上下相爭，一提即止。

隨即，意念假借把上提的大樹再重新栽回到原來的位置，進行向下的摸勁。這時後腿微微下坐，雙腿內側，似有彈簧微微外分，頭與前腳，後胯與前膝，似有彈簧上下、前後相爭。身體下降時，帶動雙手、雙膝微微向下、外分、回拉。以向下的力為主，外分、向後的力為輔，將樹栽回到原來的位置，一栽即止。隨即，就可練習渾圓樁上下摸勁了，左式練習與右式相同。

【渾圓樁打亂程式摸勁訓練】身體呈渾圓樁基本間架，意念假借周身與樹融為一體。

摸勁時，意念假借把懷抱的參天大樹微微下栽，一栽即止，隨即再把大樹向前微微推動，一推即止。接著，再把大樹微微左右扒開一細小裂縫，一分即止。隨後，再把假借裂開的大樹，微微向內擠合，一合即止。然後再把參

天大樹向後微微的拉動，一拉即止。再把大樹微微上提，一提即止。接下來，就可任意變換摸勁的程式了。

打亂程式時的摸勁，一定要細心揣摩原來組合摸勁時的原則要領，以舒適得力、勻整協調、意「力」飽滿為準。打亂程式摸勁時，要慢動、小動，在放鬆中求取「意力」感。

【渾圓樁六面力同時摸勁訓練】身體呈渾圓樁基本間架，意念假借周身與樹融為一體。

在練習渾圓樁六面力同時摸勁時，精神一定要高度集中，意念放遠放大。摸勁時，不執著於單方面的推拉、開合、提栽，而是由意念即動即止的高頻率變化，做到各方面的力似有非有、朦朦朧朧、模模糊糊，如置身於海水之中，使周身與海水在各個方向上都可以微動相爭。同時周身無限擴展放大，感覺與海天萬物融為一體，似連非連，似沾非沾，這正是蓄力待發而未發的狀態。此時，周身的神經、肌肉已經高度協調，彷彿外界如有微小物體碰撞身體及毛髮之處，周身整體一觸即發，恰似炸彈爆炸。意拳宗師姚宗勳先生曾講，意拳高級階段的樁法，人體似一高速旋轉的陀螺，看似不動，但一碰則飛。

這正體現了意拳樁法的原理：大動不如小動，小動不如不動，不動之動乃生生不已之動。意拳高級階段樁法的感覺，不是初學者能夠輕易體會到的，也並非筆墨所能盡書，練習者應循序漸進，逐步提高，才能體會到「拳無拳，意無意，無拳無意是真義」的拳學真諦。

（3）渾圓樁訓練的主要目的和作用

姚宗勳先生曾講：拳術上所講究的力量就是上下、左右、前後的意力達到平衡、均整的狀態，意拳稱這種勁兒

為「渾圓力」。沒有渾圓力作為學習拳術的基礎，就談不到如何掌握技擊的功夫，而求得渾圓力的最好方法就是站渾圓樁。

所以說，渾圓樁是技擊樁的基礎樁法，是意拳技擊實戰的預備姿勢和蓄力狀態。其手心向內，形如抱物，力量是「撐三抱七」，故渾圓樁又稱為「撐抱樁」。

其訓練的主要目的是培養雙手臂「撐」和「抱」的兩種力量，以便於在實戰技擊中，當對方拍擊自己的間架時，能利用這種自己間架撐抱的力量隨機隨勢發力，給對方以有效地反擊。

2. 平抱樁

（1）平抱樁身體間架的基本要求

平抱樁身體的基本間架與渾圓樁相同。不同之處是在手形上有所區別。平抱樁要求雙手慢慢抬起，約與肩平，手心向下，中指相對，虎口微撐，指尖微斂如抓球狀，兩手腕處微屈，似能夾物，掌高肘低，兩手大拇指外側與大小臂如懷抱大樹，前手高於後手約四、五公分，兩手相距二至三拳。（圖 1-14）

圖 1-14

（2）平抱樁的摸勁訓練

【平抱樁前後摸勁訓練】

身體呈平抱樁基本間架，意念

假借周身與樹融為一體。平抱樁前後摸勁的意念要求，與渾圓樁前後摸勁的原則要領相同。向前摸勁時，雙手五指和雙臂同時以向前推的力為主，以擠合、下按的力為輔；向後摸勁時，以雙手五指和雙臂同時回拉的力為主，以外分、上提的力為輔。練習時，只可意想，不可用力。

【平抱樁左右摸勁訓練】身體呈平抱樁基本間架，意念假借周身與樹融為一體。

平抱樁左右摸勁訓練的意念要求，與渾圓樁左右摸勁的原則要領相同。外分摸勁時，以雙手五指外分，雙手腕部向下微扣外分，雙肘向外撐的力為主，以回拉、上提的力為輔；擠合摸勁時，以雙手五指相對擠合，雙手腕部、雙臂內側擠合的為主，以向前、下按的力為輔。練習時，只可意想，不可用力。

【平抱樁上下摸勁訓練】身體呈平抱樁基本間架，意念假借周身與樹融為一體。

平抱樁上下摸勁訓練的意念要求，與渾圓樁上下摸勁的原則要領相同。向上摸勁時，以雙掌、雙臂下側上提的力為主，以擠合、向前的力為輔；向下摸勁時，以雙掌、雙臂下側下壓的力為主，以外分回拉的力為輔。練習時，只可意想，不可用力。

【平抱樁打亂程式摸勁訓練】身體呈平抱樁基本間架，意念假借周身與樹融為一體。

平抱樁打亂程式摸勁訓練的意念要求，與渾圓樁打亂程式摸勁的原則要領相同。

【平抱樁六面力同時摸勁訓練】身體呈平抱樁基本間架，意念假借周身與樹融為一體。

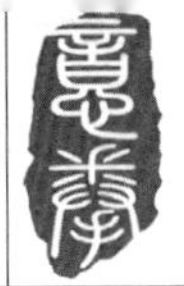

平抱樁六面力同時摸勁訓練的意念要求，與渾圓樁六面力同時摸勁的原則要領相同。

（3）平抱樁訓練的主要目的和作用

平抱樁訓練的主要目的在於強化手掌手臂下側摸索渾圓力的感覺，增強其神經肌肉的敏感程度，以便在實戰中與對手肢體接觸，手掌手臂下側能隨機隨勢應感而發。

3. 撐托樁

（1）撐托樁身體間架的基本要求

撐托樁身體的基本間架要求與渾圓樁相同。不同之處是在手形上有所區別，撐托樁要求慢慢將雙手抬起約與眉齊，手掌向前，掌心微收，指尖相對，朝斜上方，手指上指微屈，雙掌似有推托物體之感，虎口微微撐圓，食指端似有一細彈簧繫於眉端，左手食指繫於右眉，右手食指繫於左眉，兩指之力似有交錯，牽引不開之意。兩手相距二至三拳，兩手及雙臂的內側似有彈簧橫向相繫。兩肘微有外撐，兩肩鬆圓。（圖 1–15）

圖 1–15

（2）撐托樁的摸勁訓練

【撐托樁前後摸勁訓練】

身體成撐托樁基本間架。意念假借雙手臂下側似搭在水中漂浮的木板上，用意念來調整手臂的放鬆。

姿勢站好後，撐托樁前後摸勁的意念要求，與渾圓樁前後摸勁的原則要領相同。向前摸勁時，以雙掌雙臂向前的力為主，以擠合、向上的力為輔；向後摸勁時與食指與二眉相爭，手掌手臂以回拉的力為主，以外分、下按的力為輔。練習時，只可意想，不可用力。

【撐托樁左右摸勁訓練】身體成撐托樁基本間架，撐托樁左右摸勁的意念要求，與渾圓樁左右摸勁的原則要領相同。

外分摸勁時，以雙手臂內外分的力為主，向後、向下的力為輔；擠合摸勁時，以雙手臂內側擠合的力為主，以下按、向前的力為輔。練習時，只可意想，不可用力。

【撐托樁上下摸勁訓練】身體成撐托樁基本間架，撐托樁上下摸勁的意念要求，與渾圓樁上下摸勁的原則要領相同。

向上摸勁時，以雙手臂下側、內側向上的力為主，以向前、擠合的力為輔；向下摸勁時，以雙手臂下側、內側下壓的力為主，以外分、向後的力為輔。練習時，只可意想，不可用力。

【撐托樁打亂程式摸勁訓練】身體成撐托樁基本間架，撐托樁打亂程式摸勁的意念要求，與渾圓樁打亂程式摸勁的原則要領相同。

【撐托樁六面力同時摸勁訓練】身體成撐托樁基本間架，撐托樁六面力同時摸勁的意念要求，與渾圓樁六面力同時摸勁的原則要領相同。

（3）撐托樁訓練的主要目的和作用

撐托樁訓練的主要目的是培養間架的推拉撐托之力。

其雙手五指朝上，掌心朝前，突出掌根，是正面向前發力最後落成的姿勢，在實戰中，這種姿勢既能以靈活多變的發力方式打擊對手，又能保護自己面部、胸部，是攻防合一的實戰樁法。

4. 勾掛樁

（1）勾掛樁身體間架的基本要求

勾掛樁身體的基本間架要求與渾圓樁相同，不同之處是在手形上有所區別，勾掛樁要求將雙手慢慢抬起，手心相對，雙手相距二至三拳距離，雙手大拇指、食指與三、四指微屈前指，小指斜向下方與地面拉一彈簧，虎口微撐，掌心微收，雙手腕部微微下扣，似有夾球之意，左手，左腳在前，左手腕部與左腳尖上下相對，肘部與腕部的角度要大於 90 度。左手長出右手半掌距離，前手高度在嘴部位置，後手高度約在肩部位置。（圖 1–16）

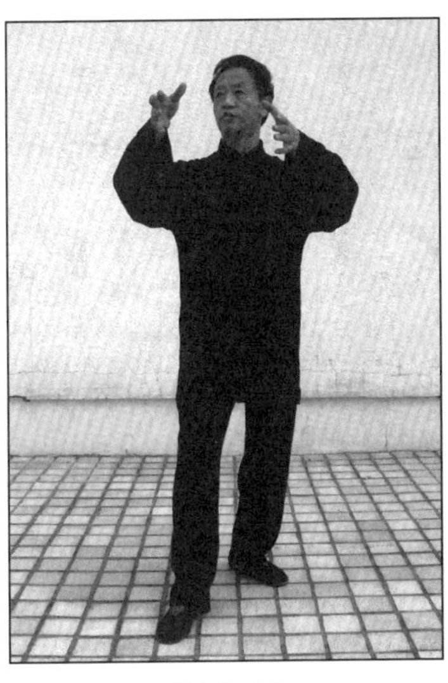

圖 1–16

（2）勾掛樁的摸勁訓練

【勾掛樁前後摸勁訓練】

身體成勾掛樁基本間架，姿勢站好後，雙手的大拇指、二、三、四指和腕部似有彈簧與遠處樹幹相繫，雙掌及手臂內側似與大樹融為一體。勾掛樁前後摸勁的意念要求，與渾圓樁前後摸勁的原則要領相同。

向前摸勁時，雙手臂內側催動雙手五指以向前頂壓彈簧的力為主，以擠合、下按的力為輔；向後摸勁時，雙手臂內側帶動雙手五指以回拉的力為主，以外分、上提的力為輔。練習時只可意想，不可用力。

【勾掛樁左右摸勁訓練】身體成勾掛樁基本間架。勾掛樁左右摸勁的意念要求，與渾圓樁左右摸勁的原則要領相同。

外分摸勁時，雙手臂內側配合雙手五指遠處相繫的彈簧同時以外分的力為主，以回拉、上提的力為輔；擠合摸勁時，雙手臂內側配合雙手五指遠處相繫的彈簧同時以擠合的力為主，以向下、向前的力為輔。練習時只可意想，不可用力。

【勾掛樁上下摸勁訓練】身體成勾掛樁基本間架。勾掛樁上下摸勁的意念要求，與渾圓樁上下摸勁的原則要領相同。

向上摸勁時，雙手臂內側配合雙手五指遠處相繫的彈簧同時以上提的力為主，以擠合、向前的力為輔；向下摸勁時，雙手臂內側配合雙手五指遠處相繫的彈簧同時以向下的力為主，以外分、向後的力為輔。練習時只可意想，不可用力。

【勾掛樁打亂程式摸勁訓練】身體成勾掛樁基本間架。勾掛樁打亂程式摸勁的意念要求，與渾圓樁打亂程式摸勁的原則要領相同。

【勾掛樁六面力同時摸勁訓練】身體成勾掛樁基本間架。勾掛樁六面力同時摸勁的意念要求，與渾圓樁六面力同時摸勁的原則要領相同。

（3）勾掛樁訓練的主要目的和作用

勾掛樁兩掌心相對，五指張開朝前，分別指向斜前上方（大拇指），前方（食指、二指和三指）和斜前下方（小拇指）三個方面，其訓練的主要目的在於加強五指的前指之力，同時強化腕關節下扣和拇指根部上掛的力量。以利於在實戰搭手中，雙手在上時，雙腕下扣回拉外分或雙手在下時，拇指根部上掛回拉外分的力量，從而能夠更有效的牽動對方重心，控制對手，施以發力。

5. 伏虎樁（大式樁）

（1）伏虎樁身體間架的基本要求

以右式勾掛樁丁八步站好後，右腳向前邁出約兩個腳掌的長度，足跟微虛，膝蓋微屈，有前指之意，臀部下坐，大腿根部稍向後收，頭微前俯，胸窩微收，目視左腳前部。右手提起放在左腿膝部內側約一拳距離，手心向右，指尖向下，虎口撐圓，肘微屈稍上提，腋下涵虛，若能容球。臀部似坐在虎腰上，右手掐住虎頭，左手掐住虎腰，意念假借頭與前腳，後胯與前膝之間似有彈簧微微上下前後相繫，雙臂內側似撐抱一球。身體似與大樹融為一體，身體重心分配為前三後七。（圖 1–17）

圖 1–17

（2）伏虎樁的摸勁訓練

【伏虎樁前後摸勁訓練】身體成伏虎樁基本間架，臀部似坐在虎腰上，右手掐住虎頸，左手掐住虎腰，意念假借，虎欲前竄，瞬間虎又向後逃，此時精神要高度集中，應隨時警惕虎要傷人。伏虎樁前後摸勁的意念要求，與渾圓樁前後摸勁的原則要領相同。

向前摸勁時，雙掌五指間和雙臂內側以同時向前擠推的力為主，以內合、下按的力為輔；向後摸勁時，雙掌五指間和雙臂內側以同時回拉的力為主，以外分、上提的力為輔。站樁時要用意不用力。左右式應交替練習。

【伏虎樁左右摸勁訓練】身體成伏虎樁基本間架，手形與伏虎樁起勢相同。意念假借虎欲右逃，這時左腿微微向後下坐靠並向左微擰，右腿同時也向左微擰，有擠擋虎頸之意。前後腿內側微微外分，前腳五趾微微扒地，前腿膝部力向前指。頭與前腳，左胯與右膝似有彈簧微微上下、前後相爭，身體同時微微後靠，似有擠動身後大樹之意。雙手、雙臂之間微微向右，同時回拉、外分、上提，將欲向左逃的虎牢牢控制。

隨即，虎欲向左逃，這時左後腳下踩前蹬，微微上站，左腿向左微擰，擠裹虎腰，同時前腳下踩，腿部向右後微擰，兩腿內側似有擠合之意，雙手、雙臂同時微向右擠合、下按、向前。頭與前腳，後胯與前膝似有彈簧微微上下、前後擠合，身體微微向前，似有擠推大樹之意，將欲向左逃的虎牢牢控制。

虎向右逃時，以雙腿、雙手、雙臂向左擰的力為主，以回拉、外分，上提的力為輔；虎向左逃時，以雙腿、雙

手、雙臂向右擰的力為主，以向前，擠合、下按的力為輔。練習時，只可意想，不可用力。

在這裏需要注意的是：伏虎樁左右摸勁訓練與渾圓樁左右摸勁訓練有所不同，在用意、用力方面有著根本的區別。渾圓樁左右摸勁訓練時以雙手臂配合身體外分和擠合的開合力量為主；而伏虎樁左右摸勁訓練時以周身整體同時向左或同時向右的力量為主。伏虎樁除了左右摸勁訓練以外，其他摸勁形式都與渾圓樁相同。

【伏虎樁上下摸勁訓練】身體成伏虎樁基本間架，臀部似坐在虎腰上，右手掐住虎頸，左手掐住虎腰，意念假借，虎欲下坐，瞬間虎又向上竄，此時精神要高度集中，應隨時警惕虎要傷人。伏虎樁上下摸勁的意念要求，與渾圓樁上下摸勁的原則要領相同。

虎欲下坐時其向上的摸勁，雙手掌、雙臂內側以上提的力為主，以向後、外分的力為輔；虎欲上竄時其向下的摸勁，雙手掌、雙臂內下側以下壓的為主，以擠合、向前的力為輔。練習時只可意想，不可用力。

【伏虎樁打亂程式摸勁訓練】身體成伏虎樁基本間架，其打亂程式摸勁時意念活動（伏虎樁左右摸勁除外），身體各部爭力的要求，與渾圓樁打亂程式摸勁的原則要領相同。

【伏虎樁六面力同時摸勁訓練】身體成伏虎樁基本間架，其六面力同時摸勁時的精神假借、意念活動與渾圓樁六面力同時摸勁的原則要領相同。

（3）伏虎樁訓練的目的和作用

伏虎樁訓練姿勢低，步子大，其主要目的一是為了刺

激腿部神經，增強腿部肌肉的力量；二是為了應付技擊中的特殊情況，即經過這種特殊的大式樁法練習，在技擊中步子大，姿勢低的情況下，同樣能做到步法、身法輕盈靈活，發放自如。

6. 降龍樁

（1）降龍樁身體間架的基本要求

周身成立正姿勢，左腳向前邁出距右腳約 1 公尺的距離，前腳掌左右橫放，腳掌內側向前，足跟落實，膝部彎曲與前腳尖呈斜直線，右後腳與左腳足跟在一條直線上，右膝似直，腳掌踩地，足跟微虛。重心分配前七後三。身體的肩部、胸部前傾，向左轉體 180 度，右胯與後胯幾乎平行相對，頭與頸部向左擰轉，眼睛直視自己右腳跟。意念假借頭與左右腳之間、兩腳內側間似有彈簧上下、前後斜面相繫。這時右手前伸距頭頂部右上外側約一拳距離，掌心朝向斜上方並有微微向前之意，肘低掌高呈 90 度；左手向後伸出，與右腳跟上下相對，手掌高度約與臀部等高，肘高手低，左掌心向後並有微微向斜下方之意。（圖 1–18）

圖 1–18

（2）降龍樁摸勁的訓練

【降龍樁前後摸勁訓練】身體成降龍樁基本間架。意念

假借，右手與左手之間似有彈簧前後相繫，周身彷彿與大樹融為一體。降龍樁前後摸勁訓練的意念要求與渾圓元樁前後摸勁的原則要領相同。

向前摸勁時，雙手五指及雙臂之間同時以向前擠推的力為主，以擠合、下按，微微向上的力為輔；向後摸勁時，雙手五指及雙臂之間同時以回拉的力為主，以外分、上提，微微向下的力為輔。練習時，只要意想，不可用力。

【降龍樁左右摸勁訓練】身體成降龍樁基本間架。意念假借，右手與左手之間似有彈簧相繫，周身彷彿與大樹融為一體。降龍樁左右摸勁訓練的意念要求與渾圓元樁左右摸勁的原則要領相同。

外分摸勁時，雙手五指、雙臂內側及雙肘以向外撐的力為主，以回拉、上提的力為輔；擠合摸勁時，雙手五指、雙臂內側及雙肘以向內擠合的力為主，以向前、下按的力為輔。練習時，只可意想，不可用力。

【降龍樁上下摸勁訓練】身體成降龍樁基本間架。意念假借，右手與左手之間似有彈簧相繫，周身彷彿與大樹融為一體。降龍樁上下摸勁訓練的意念要求與渾圓元樁上下摸勁的原則要領相同。

向上摸勁時，以雙掌、雙臂下側及內側上提的力為主，以擠合、向前的力為輔；向下摸勁時，以雙掌、雙臂下側及內側下壓的力為主，以外分，回拉的力為輔。練習時，只可意想，不可用力。

【降龍樁打亂程式摸勁訓練】身體成降龍樁基本間架。降龍樁打程式摸勁的意念活動及身體各部爭力的要求，與渾圓樁打亂程式摸勁的原則要領相同。

【降龍樁六面力同時摸勁訓練】身體成降龍樁基本間架。降龍樁六面力同時摸勁的精神假借及意念活動，與渾圓樁六面力同時摸勁的原則要領相同。

（3）降龍樁訓練的目的和作用

降龍樁是技擊樁中比較特殊的一種樁法。它的主要目的是培養練習者在身體與手形處在不利於實戰的形式下，透過精神假借，意念誘導，繼續摸索拳術的渾圓力，達到統一意念，統一動作，統一氣力，使身體均整、協調，為日後在實戰中出現拗步不順的情況下，同樣能做到步法、身法輕盈靈活，周身各部一觸即發。

7. 單腿依托樁

（1）單腿依托樁身體間架的基本要求

周身直立，左腳踩地，右腿膝部彎曲上提，將右腳放至 60～70 公分高的桌面一邊，腳掌向前，腳踝回勾，似夾一小球。雙腿與桌面上的距離以舒適得力為標準，左腳與右腳橫向分開兩到三拳。左腿膝部微屈，臀部似坐一高凳，身後似有靠樹或靠牆之意。站好後，將雙手抬起，為渾圓樁的撐抱式。意念假借，身體彷彿與樹融為一體。頭與雙腳、左膝與後胯之間似有彈簧上下、前後斜面微微相爭，右後胯有微微上提之意。身體重心為前三後七。（圖 1–19）

（2）單腿依托樁摸勁訓練

【單腿依托樁前後摸勁訓練】身體成單腿依托樁基本間架。單腿依托樁前後摸勁訓練意念要求，與渾圓樁前後摸勁的原則要領相同。

向前摸勁時，雙掌、雙臂的內側、下側以前推的力為主，以擠合、下按的力為輔；向後摸勁時，雙掌、雙臂的內側、下側以回拉的力為主，以外分、上提的力為輔。練習時，只可意想，不可用力。

圖 1-19

【單腿依托樁左右摸勁訓練】身體成單腿依托樁基本間架。單腿依托樁左右摸勁訓練意念要求，與渾圓樁左右摸勁的原則要領相同。

外分摸勁時，雙手臂內側以外分的力為主，以回拉、上提的力為輔；擠合摸勁時，雙手臂內側以擠合的力為主，以前推、下按的力為輔。練習時，只可意想，不可用力。

【腿依托樁上下摸勁訓練】身體成單腿依托樁基本間架。單腿依托樁上下摸勁訓練意念要求，與渾圓樁上下摸勁的原則要領相同。

向上摸勁時，手掌手臂下側、內側以上提的力為主，以前推，擠合的力為輔；向下摸勁時，手掌手臂下側、內側以下壓的力為主，以回拉、外分的力為輔。練習時，只可意想，不可用力。

【單腿依托樁打亂程式摸勁訓練】身體成單腿依托樁基本間架。單腿依托樁打亂程式摸勁的意念活動與渾圓樁打亂程式摸勁的原則要領相同。

【單腿依托樁六面力同時摸勁訓練】身體成單腿依托樁基本間架。單腿依托樁六面力同時摸勁的精神假借和意念活動，與渾圓樁六面力同時摸勁的原則要領相同。

（3）單腿依托樁訓練的目的和作用

單腿依托樁摸勁訓練與渾圓樁摸勁的原則要領相同。有所區別之處就是，當其一腿支撐，一腿依托在物體上進行摸勁的訓練時，要在不失摸勁原則的情況下，運用意念活動調節身體和腿部的平衡，使其達到舒適得力，為進一步練習獨立樁打下良好的基礎。單腿依托樁實際上是獨立樁的基本功。

8. 獨立樁

（1）獨立樁身體間架的基本要求

周身直立，左腳踩地，右腿膝部彎曲上提距地面約30～40 公分高度，腳掌心斜向前下方，腳面及腳踝部位微微回勾，似夾一小球，要求似有似無。左右腿橫向間隔約三拳左右。左腿膝部微屈，臀部似坐一高凳，身後似有靠樹或靠牆之意。站好後，將雙手抬起，為渾圓樁的撐抱式。

身體由左向右轉體為 45 度。意念假借，身體彷彿與樹融為一體。頭與雙腳、左膝與後胯之間似有彈簧上下、前後斜面微微相爭，右後胯有微微上提之意。身體重心為前三後七。（圖 1-20）

（2）獨立樁摸勁訓練

【獨立樁前後摸勁訓練】身體成獨立樁基本間架。獨立樁前後摸勁訓練意念要求，與渾圓樁前後摸勁的原則要

領相同。

圖 1-20

向前摸勁時，左腳微微下踩、前蹬、上站，催動身體微微向前有擠動大樹之意，要以向前的力為主，以擠合、下按的力為輔。這時要把與身體融為一體的大樹推的向前微微一動即止，隨即再進行向後的摸勁練習；向後摸勁時，左腿膝部向下微屈，臀部微微向下坐靠，這時雙手臂內側以及抬起的右腿與左腿內側有微微回拉、外分、上提的三種力。其中要以回拉的力為主，外分、上提的力為輔。

在進行向後的摸勁練習時，由於左腿的向後下坐靠，雙腿後部、腰部、肩部、頸部也同時配合似把參天大樹微微擠動，這時，雙手五指、手臂內側、胸腹部及兩腿內側把假借融為一體的大樹也同時向後被拉的微微一動。頭與左腳似有彈簧斜面上下微微相爭，同時，頭與右腳也似有彈簧斜面上下微微相爭，這時身體與融為一體的大樹被拉的向後微微整體一動，一拉即止。隨即就可以進行獨立樁前後的摸勁練習了。

【獨立樁左右摸勁訓練】身體成獨立樁基本間架。獨立樁左右摸勁訓練意念要求與渾圓樁左右摸勁的原則要領相同。

外分摸勁時，以雙手十指、腕部內側、手臂內側外分

的力為主，以回拉、上提的力為輔；擠合摸勁時，以雙手十指、腕部內側、手臂內側擠合的力為主，以向前、下按的力為輔。練習時，只可用意不可用力。

【獨立樁上下摸勁訓練】身體成獨立樁基本間架。獨立樁上下摸勁訓練意念要求，與渾圓樁上下摸勁的原則要領相同。

向上摸勁時，以手掌、手臂下側、內側上提的力為主，以向前、擠合的力為輔；向下摸勁時，以手掌、手臂下壓的力為主，以回拉、外分的力為輔。練習時，只可用意不可用力。

【獨立樁打亂程式摸勁訓練】身體成獨立樁基本間架。獨立樁打亂程式摸勁訓練意念要求，與渾圓樁打亂程式摸勁的原則要領相同。

【獨立樁六面力同進摸勁訓練】站立的步法、手形與獨立樁起勢相同。六面力同時摸勁的精神假借，意念活動，與渾圓樁六面力同時摸勁的原則要領相同。

（3）獨立樁訓練的目的和作用

獨立樁單腿支撐，一腿提起進行摸勁的訓練，要求在不失摸勁原則的情況下，運用意念活動調節身體和腿部的平衡，使其達到舒適得力。在實戰中，意拳的蹬、踢、踏、點等腳法發力的運用，其基本功來源於獨立樁。可以說，獨立樁是意拳腿法的基本功。

9. 坐式渾圓樁

（1）坐式渾圓樁身體間架的基本要求

身體坐在床板或椅凳上，兩腳掌離地懸空，大約一拳高度。兩腳分開如站左式大式樁，雙手抬起，呈渾圓樁撐抱式。意念假借雙腳像踩在地面上，雙手雙臂似環抱參天大樹，整個身體似與大樹融為一體或與外界的空間融為一體。坐式渾圓樁的起勢動作與周身各部的爭力要求，眼睛觀看的方向，身體重心的分配與渾圓樁起勢動作的各部位要求完全相同。（圖 1–21）

圖 1–21

（2）坐式渾圓樁摸勁訓練

【坐式渾圓樁前後摸勁訓練】身體成坐式渾圓樁基本間架，其前後摸勁的意念活動，與渾圓樁前後摸勁的原則要領完全相同。

向前摸勁時，雙手五指和雙臂同時以向前推的力為主，以擠合、下按的力為輔；向後摸勁時，以雙手五指和雙臂同時回拉的力為主，以外分、上提的力為輔。練習時，只可意想，不可用力。

【坐式渾圓樁左右摸勁訓練】身體成坐式渾圓樁基本間架，其左右摸勁的意念活動，與渾圓樁左右摸勁的原則要領完全相同。

外分摸勁時，以雙手五指外分，雙臂、雙肘向外撐的力為主，以回拉、上提的力量、為輔；擠合摸勁時，以雙手五指間，雙臂內側擠合的力為主，以向前、下按的力為輔。練習時，只可用意不可用力。

【坐式渾圓樁上下摸勁訓練】身體成坐式渾圓樁基本間架，其上下摸勁的意念活動與渾圓樁上下摸勁的原則要領完全相同。

向上摸勁時，以雙手掌，雙臂下側、內側上提的力為主，以擠合、向前的力量為輔；向下摸勁時，以雙手掌，雙臂下側、內側下壓的力為主，以外分、回拉的力為輔。練習時，只可用意不可用力。

【坐式渾圓樁打亂程式摸勁訓練】身體成坐式渾圓樁基本間架，其打亂程式摸勁的意念活動，與渾圓樁打亂程式摸勁的原則要領完全相同。

【坐式渾圓樁六面力同時摸勁訓練】身體成坐式渾圓樁基本間架，其六面力同時摸勁的意念活動，與渾圓樁六面力同時摸勁的原則要領完全相同。

（3）坐式渾圓樁訓練的目的和作用

坐式渾圓樁要求身體坐於物體之上，雙腳離地進行摸勁的訓練，其根本的目的，就是要在身體處於不得力的狀態時，依然採用精神假借、意念誘導，繼續摸索拳術的渾圓力，使之全身均整、協調，繼續摸索拳術的渾圓力，在無力中求有力，抽象中求具體，在不平衡中求平衡。

（七）練習技擊樁應注意的一些問題

1. 技擊樁練習時要突出意念誘導的真實性，是求取力量之根源。

2. 技擊樁練習時要注意將真實的意念與合理規範的姿勢間架相結合。

3. 技擊樁摸勁時思想一定要高度集中，動作要細微、

緩慢、均勻，這是技擊樁摸勁的主要原則。

4. 擊樁練習時要注意進行意念與間架之間的合理調整，這是提高技擊樁摸勁品質的重要手段。

5. 唯物辯證的態度是正確認識技擊樁練習的關鍵。

6. 技擊樁練習時間的長短要根據自己的體質而異。初學者每次 10～15 分鐘，有基礎後可逐漸增長時間。

7. 技擊樁練習的強度以每天練習後第二天身體不疲勞，精力充沛為宜。

8. 技擊樁練習入門體現在能隨意運用和控制意念，較好的調節放鬆神經肌肉，時間能站 30 分鐘以上。

9. 技擊樁練習時一定要先求品質，再逐步的增加時間和強度。站樁是精神和肢體肌肉的同時練習，肌肉酸痛是很正常的現象，一般一週以後即可恢復正常。

10. 技擊樁摸勁練習的初期，身體要大動；隨著感覺的深入，逐步的變成小動；最後成為生生不已之微動。意念初期要由小範圍入手，而後逐漸擴大，最後要感覺與宇宙融為了一體。就是說，技擊樁摸勁時是「意念要由小到大，動作要由大到小」這樣一個矛盾過程。

綜上所述，整個意拳站樁體系就是以養生樁為基礎（若僅為健身，可不必練技擊樁），在掌握了養生樁「鬆」的感覺之後，再向技擊樁「鬆緊」轉換的摸勁過渡，進而繼續運用精神假借和意念誘導，通過鬆緊轉換的摸勁，來培養強化周身上下、左右、前後平衡、均整、協調的拳術力量——渾圓力（爭力）。求取渾圓力是練習意拳站樁摸勁的最終目的，渾圓力的培養與運用是整個意拳訓練體系的核心。

第二節 意拳試力

一、意拳試力概述

站樁是基礎，試力是關鍵，它的範圍最廣，難度最大，在意拳的整個訓練體系中具有承上啟下的作用。技擊能力的強弱與試力訓練的關係極為密切，所以學習意拳要給予試力以足夠的重視。

試力者，試為嘗試，摸索、探索之意；力指拳術的力量。「試力為得力之源」，即經過一番嘗試與探索之後，去偽存真，去粗取精，方能更為深刻的認識拳術的力量，並最終獲得這種真正意義上的拳術的力量。

站樁是在身體相對靜止的微動狀態下培養和強化渾圓力，而當身體一旦運動起來，渾圓力就會消失，重新調整好樁架和意念後，周身又出現了渾圓力。可是我們不可能在站著不動的情況下去進行技擊格鬥，而應將在站樁中所獲得的渾圓力充分調動起來，在身體處於運動狀態中來發揮渾圓力應有的作用。

而試力的主要任務就是將站樁的靜轉換到試力的動過程，試力可以說是由站樁得力向發力用力轉換過渡的一個重要樞紐，不經過試力的訓練，意拳力量的培養就會斷層，而影響實作中發力的品質。

試力的主要目的，就是在周身緩緩動起來之後，運用意念誘導、精神假借，繼續摸索、培養和強化拳術中的渾圓力，使肢體在位移狀態中仍能體會到均整、飽滿之力，並運用自如，為下一步隨機隨勢發力打下堅實基礎。同時，試力也是檢驗站樁品質優劣的標準：站樁品質的優劣直接影響試力的品質，反過來試力又直接檢驗站樁，從這種意義上來講，站樁與試力相互影響，相輔相成，試力是站樁在空間上的延伸。

二、意拳試力的基本要點

初習試力要求用意不用力，由於手的感覺靈敏，練習時可先從手部開始去體會外部的阻力。待手上有了感覺之後，就要用全身去體會。試力時要求身體平衡均整，骨骼支撐，關節鬆靈，筋肉弛張，似鬆非鬆。動作越小越慢越有作用，像抽絲一樣，不可停滯。一定要慢，「大動不如小動，小動不如慢動」，只有慢做，才能體會到的勁力的變化，速度快了只能將體認漠然滑過。

練習試力要做到周身欲動又止，欲止又動，有「動猶不動，不動猶動」之意。同時還要做到「一動無不動」，即動一處為全身動著想。進一步則要求在微動中求速動，動作越細微，精神越要集中。意念不斷，全身自然，身體各部位所有的動作都由一個「意」字支配。

試力到精熟階段則意力不分，意到力到。再往後訓練，則大動、小動、快動、慢動都要試練，各種節奏都要體會並且要打亂順序，以接近實戰的需要。

三、意拳試力對身體各部位的基本要求

請參考站樁部分。

四、意拳試力的意念設置

意拳試力的意念要求與站樁基本相同。首先要求是精神集中，周身放鬆，呼吸通暢。在此基礎上結合自然、柔和、鬆緩、細微的形體運動。

以平推試力為例加以說明。練習時以平抱樁姿勢開始，手心向下，兩手中指相對，在胸前呈抱球狀。精神集中，眼睛向前看，要設想手下有一大飴糖，兩手斜向前方而略下，緩緩地插入飴糖裏面，到全手都被飴糖包沒時，再將手慢慢向斜後方略上拔起。一定要注意不可將飴糖拔斷，即「運力如抽絲」之意。注意在向前壓時設想有浮力相阻，後拉時設想有牽力相引。

總之，試力時無論採取何種意念和姿勢，動作都要慢，但不可斷。手向前時感覺有力向後指，向後時感覺有力向前指，上下、左右亦然。其意在於手向前進時有力感覺有力向後拉，手向後時則相反，即前人所謂的「順力逆行」之意。

五、意拳試力的增力原理

意拳試力是站樁在空間的延伸，所以說試力的練習就是將站樁中摸勁的空間和時間擴展與延長。練習時同樣要突出意念誘導精神假借的整體性、真實性和階段性，並結

合自然、柔和、鬆緩、細微地形體運動。這是意拳試力的關鍵所在。

意拳試力認為：要想增加力量就不可用力，如果用力反而會阻止力量的增長力量。因為人體發力的瞬間就是肌肉緊張的瞬間，如果你本身很緊，那麼發力時又怎麼能緊張的起來呢？即所謂「用力則氣滯，氣滯則意停，意停則神斷，全身皆非矣」。故試力練習要求周身一舉一動要以舒適得力為原則，這就得保持身心的自然放鬆。

試力的放鬆不是無力之鬆懈從事，而是不要求用拙力。試力的力量應該是似鬆非鬆，形鬆意緊，肌肉含力，骨中藏棱，周身骨骼支撐，關節鬆靈，筋肉弛張，如雜技演員表演走鋼絲一般，始終保持力的平衡均整，不可有絲毫偏頗。而有的人做試力時思想浮躁，動作速度快，慢不下來。這時我們應想像周身在運動時勁力如抽絲一般，絲線非常細，所以勁力一定要均整、細緻、緩慢、柔和，因為稍有不慎，絲線就有被抽斷的危險。試想，在這種狀態下，我們能快的起來嗎？

故試力時，周身必須自始至終的自然、放鬆、柔和、緩慢，細微的去體察身體在大氣中的緩緩運動。所以，試力時身體運動越緩慢精神就越能集中，神意也就越真切，也就越能有效的激發神經系統，使其越發的與肌肉協調統一，如此則身體所表現出來的勁力也就越渾厚飽滿。「思全體毛孔，無根不有穿堂風經過往還之感，然而骨骼、毛髮都要支撐，遒放、爭斂互為，動愈微而神愈全，慢優於快，緩勝於急。」薌老此話正是說明了此意。

六、意拳試力功法精講

(一)意拳定步試力

1. 定步平推試力

(1)定步平推試力對身體姿勢的要求

兩足跟並齊，腳尖分開如立正姿勢，將右腳順著腳尖的方向(斜方向45度)向前邁出一步的距離，再橫向外移一個腳掌的寬度。右腳跟要虛，這時兩腳的位置即前人所說的丁八步。兩足前後力量重心五五分配，各占身體重量的一半。步子定位後，雙手慢慢抬至胸部的位置，兩手相距二至三拳，手心朝下，手指前伸微屈。

這時再逐步調整下身部位，右腳膝蓋略屈，膝蓋突出部位略向前指，周圍似有小棍支撐，足趾似有扒地之意。同時左腿後胯意向後指，有微微上提之意，與右腿前方似有彈簧前後相爭，兩腿外緣意念微向內裹，同時兩膝微向外張。(圖2-1)

(2)定步平推試力的意念要求

將整個身體姿勢調整好後，再意念假借站在齊胸深的水中，雙手五指與岸上的大樹各繫五根彈簧，雙臂輕輕扶按在漂浮在水中的木板上。

這時意念假借向後拉動時，雙手五指把繫在大樹上的彈簧有緩緩拉長之意，要細心體會拉動彈簧時的阻力感。此時配合肘部有微微外分的意思，雙手的手指、掌心、手臂下側有微微上提之意。回拉時要細心體會回拉、外分、上提

圖 2-1

圖 2-2

的三種力，要以回拉的力為主，以外分、上提的力為輔。

要注意手回拉時由於肘部的外分，回拉雙手的掌部有向內微微旋轉，腕部有微微外旋之意，兩手相距仍然是二至三拳的距離。身體在向後下坐靠時要體會整個身後有擠動水的阻力感，這時後腿微微下坐時與前腿內側微微的外分，前腳五指有微微扒地之意，頭與前腳相繫的彈簧有微微上下相爭，雙手大約拉至距胸部尺許遠就不要再拉了，彷彿雙手扶按的木板輕輕接觸了自己的身體，這時身體的重心是後七前三。（圖 2-2）

隨即雙手再慢慢向前推去，雙手五指把拉長的彈簧慢慢地頂回，雙手掌部、手臂下側有下按木板之意，推動木板在水中緩緩向前，這時雙手臂內側有擠合之意，雙手在向前推時內含下按、擠合、前推的三種力，同時身體有微

微向前推動水的阻力感，後腿應配合有下踩前蹬，前腳掌微微下踩，後腿內側與前腿內側有向內擠合之意，要體會雙腿內含的三種力。在向前推時，前手的掌跟部位正好在前腳的位置，前腿膝部不要向前推的過大彎曲。這時身體的重心為前六後四。練習時要慢，用意不用力，可以反覆多次去做，細心體會整體運動時身體各部的阻力感。（圖 2-3）

圖 2-3

2. 定步開合試力

（1）定步開合試力對身體姿勢的要求

兩足跟並齊，腳尖分開如立正姿勢，將右腳順著腳尖方向邁出一步，再橫向移動一個腳掌的寬度，右前腳足跟要虛，這時兩腳的位置為丁八步。步子站好後，慢慢將雙手抬至前胸的高度，右腳在前，右手高度大約在肩部位置，右前手前伸時似掌根不超過右腳尖為宜，左後手伸出時，比右前手高度矮半掌，距離比右前手近半掌，雙手手心微錯相對，相距約二至三拳，手指微屈前伸，意向前指。（圖 2-4）

（2）定步開合試力的意念要求

姿勢擺好後，意念假借身如巨人站在很深的水中，雙手十指與河岸的樹上有彈簧相繫，雙手腕部微扣，雙手及

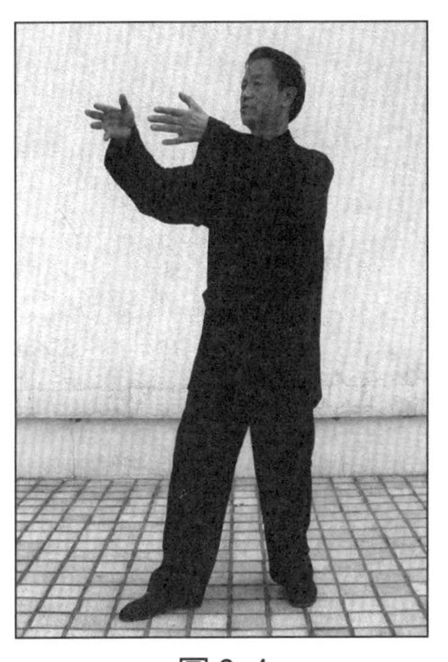

圖 2-4

圖 2-5

手臂內側都有很多相繫的彈簧，前後腿分開的空間也有很多彈簧相繫。這時身體微微向後下坐靠，細心體驗身體後部彷彿真有把水或樹有微微擠動之意。同時帶動雙手慢慢向外分開，外分時要突出腕部意向外指，雙手分開大約40～50 公分寬，意念假借雙手及雙臂內側相繫的彈簧被拉直了，再拉就會折斷。雙手臂在向外分拉彈簧時應細心體會有外分，上提，微微回拉的三種力，同時體會把前後腿之間內在的彈簧緩緩拉開，有前後相爭及外分之意，右前腳掌五指微有扒地上提之意。相外分開結束時，身體的重心是前三後七。（圖 2-5）

隨即做合的試力，這時左後腳掌微微下踩前蹬，身體慢慢向前有擠動水的阻力感，並催動雙手臂向內做擠合的動作，要突出以掌根為主，把雙手及手臂內側的彈簧慢慢

向內擠合，以向內擠合的力為主，以前指並有微微向下按的力為輔。同時意念假借把兩腿內在彈簧也慢慢的向內擠合，右前腳掌有微微下踩，兩腿緩緩前移動。當雙手向內擠合到二至三拳時，把彈簧壓成一體就不要再合了，這時身體的重心應是五五或前六後四。（圖2-6）

圖 2-6

3. 定步撥水試力

（1）定步撥水試力對身體姿勢的要求

站立姿勢與定步平推試力相同，身體的重心為前三後七，前腳的後足跟微微離地大約 1 公分，前腳五趾微有扒地之意。姿勢站好後，雙手臂微屈分置於身體兩側，將雙手放置於腰胯兩側，兩手距腰胯兩側約為四至五拳，雙手五指分開微屈，掌心向前。（圖 2-7）

（2）定步撥水試力的意念要求

姿勢站好後，意念假借，我們站在齊胸深的海水中，雙手及手臂都與水有接觸之意，這時右後腳掌微微下踩前蹬，身體慢慢向前有擠動水的阻力感，並催動雙手臂緩緩前推，前推時要突出掌根部位的力量，並要細心體會有向前、內合、向上的三種力（即向內螺旋力）。

在向前推水時，要細心體會水從雙手五指縫中及手臂兩

圖 2–7

圖 2–8

側有緩緩流過去的阻力感，同時雙腿有向前微微下踩的力量。當向前撥完止住時，雙手的高度在肩部位置，手心朝上，雙手相距二至三拳。身體的重心，兩腿的力量分配為五五的位置。（圖 2–8）

撥完之後隨即緩緩回撥，回撥時身體微微後靠，體會身體推動水的阻力感，雙手突出腕部外側部位的力量，掌心微收，雙手肘部有外分之意，雙臂有向後，向下，外分的三種力，要細心體會雙臂腕部兩側的水有緩緩被撥開的感覺。雙手慢慢撥回到站立時的定勢位置。向後回撥時雙腿配合向下、外分，前腳五指微微扒地。（圖 2–9）

（3）意拳平推、開合、撥水試力的作用

意拳平推、開合、撥水試力是意拳三種基本試力。平推主要是摸索前後的力量，開合是摸索左右的力量，而撥

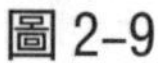
圖 2-9

圖 2-10

水試力則是摸索上下的力量。

4. 定步勾掛試力

（1）定步勾掛試力對身體姿勢的要求

定步勾掛試力身體姿勢的要求與勾掛樁相同，練習時要求將雙手慢慢抬起，手心相對，雙手相距二至三拳距離，雙手大拇指、食指與三、四指微屈前指，小指斜向下方與地面拉一彈簧，虎口微撐，掌心微收，雙手腕部微微下扣，似有夾球之意，右手，右腳在前，右手腕部與右腳尖上下相對，肘部與腕部的角度要大於 90 度。右手長出左手半掌距離，前手高度在嘴部位置，後手高度約在肩部位置。（圖 2-10）

（2）定步勾掛試力的意念要求

定步勾掛試力的的意念要求與勾掛樁意念要求相同，身體的重心為五五位置。右腳在前，姿勢站好後，先練習向後回拉。這時左後腿膝部彎屈，臀部下坐，右前腳尖趾微微扒地，前後腿內側似有彈簧向外相爭，有向後、向下、外分之意，前腳尖五趾有扒地上提之意，左後胯力向後指，左前腿膝部前指，似有彈簧上下、前後相爭之意。周身有向後擠動大樹阻力感。在右後腿微微向後移動的同時，雙手同時配合慢慢回拉，要突出雙手的肘部外分並向斜下方拉。

意念假借，雙手回拉時把十指和腕部與遠處相繫的彈簧有緩緩拉長，有回拉、外分、上提之意，同時注意把雙手臂之間橫著相繫的彈簧有左右撕開之意，這時身體的重心已向後下移動到後七前三，雙手已拉回到離胸尺許遠時（前臂與大臂約成 120 度角）。（圖 2-11）

圖 2-11

這時雙手腕部微微向外擰轉，手指微屈意向前指。意念假借，雙手的腕部，手臂彷彿被麻繩纏裹，在向後，向下，向外旋轉時，彷彿把纏裹的麻繩要有擰斷之意，同時雙手臂、雙肘意有向外擰轉（注意雙手的肘部不許外翻抬平），回拉和雙手向內向外擰轉時，

圖 2-12

肘部與前臂要保持不小於 90 度角，這時雙手已旋轉為手掌心向下，手指前指。（圖 2-12）

隨即右後腿下踩、前蹬，兩腿之間有擠合、向前，微微向上之力。催動身體緩緩向前，雙手同時配合緩緩前推，手指似有把彈簧頂回之意，手掌，手臂下面似有把漂浮在水中木板有向前推動之力或者把雙手，雙臂緩緩的向前插入在大團飴糖中，總之，雙手在向前平推時有前推、下按、擠合之意。這時身體向前移動為五五重心時，雙手已前推到丁八步平推完的姿勢。（圖 2-13）

這時意念假借，雙臂已插入在飴糖中以雙手的小指，掌根、肘部手臂內側為主，將整隻手掌及手臂在飴糖中向內旋轉，手指意向前指，慢慢將雙手旋轉為手心相對，為丁八步勾掛試力的定勢了，如此可反覆練習。（圖 2-14）

（3）意拳勾掛試力練習的目的和意義

勾掛試力主要練習的是雙手臂回拉時，雙手臂同時回勾上挑的力量。是推手中常用的技術的之一。其主要作用是在與對手搭住手之後，運用手臂回勾上挑的力量，瞬間來破壞對方的間架，為自己創造進攻的條件。

圖 2-13

圖 2-14

5. 定步分掛試力

（1）定步分掛試力對身體姿勢的要求

定步分掛試力站立的步法與定步勾掛試力的步法相同，身體的重心是五五位置，所不同的是雙手的姿勢。這時我們身體呈左式站立，右腳在前，雙手同時向前伸出手臂約 80%的長度，右手不超過左腳尖，掌心向內，呈斜上方，手指微屈前指，五指及腕部似有彈簧與大樹相繫，高度大約在自己嘴部的位置。左手手心向下，手指微屈，腕部向下微扣，似有扒物之感，橫著向內前指，高度在自己的臂部位置，肘低手高。意念假借雙手內側有彈簧橫著相爭，前後手之間相距約二至三拳。（圖 2-15）

（2）定步分掛試力的意念要求

意念假借周身站在大團的軟飴糖中，雙手的手指、手

圖 1–15

圖 2–16

臂都插在大團飴裏，這時我們的左後腿緩緩向後下座靠，右前腳足跟微虛，五趾扒地，前後腿之的意念假借與丁八步撥水試力的兩腿間意念假借一樣。由於身體向後的微靠運動，帶動了雙手、手臂從大團飴裏糖中慢慢回拉，右前手有回拉、外分、上提之意，在回拉時加強肘部外分，右前手大拇指和腕部外側似掛彈簧向外、向上回拉，左後手同時配合右前手緩緩向後、向外回拉，肘部微微向下有扒物之感，這時在右前手五指似有把相繫的彈簧緩緩拉長，把兩手腕部，雙臂內側相繫的彈簧緩緩左右撕開。身體在向後下坐靠時，似有擠動大樹之意。

當雙手回拉到胸前尺許遠（前臂與大臂約成 120 度角）時右前手掌心翻轉向下，手指前指，此時意念假借，右手臂彷彿被麻繩纏繞，在手臂向內擰轉時，要有把麻繩

圖 2-17

圖 2-18

擰斷之意。左後手同時配合微微的外分、回拉、內裹，向下微微下扒。這時右手已旋轉到掌心向下，手指向前，呈丁八步平推試力的預備姿勢，這時身體重心為前三後七。（圖 2-16）

拉完之後，意念假借將雙手平行緩緩向前推出插入大團飴糖中，前推時有向前，擠合，微微下按之意，並體會手指手臂插入飴糖中的阻力感。向前推完時，身體的重心為五、五位置。（圖 2-17）

這時意念假借，雙手臂插入大團飴糖中，右前手及手臂內側將整只手臂在飴糖中旋轉，手心為斜面向上，左後手同時配合手臂內側似有擠合之意，左手腕部，大拇指外側向內慢慢微扣，這時雙手及雙手臂，已變成分掛試力的定勢了，這時可以反覆進行分掛試力練習了。（圖 2-18）

（3）意拳分掛試力練習的目的和意義

分掛試力主要練習的是雙手臂回拉時，一手上挑一手下掛的力量。是推手中常用的技術的之一。其主要作用是在與對手搭住手之後，運用上挑和下掛的力量，瞬間來破壞對方的間架，為自己創造進攻的條件。

6. 定步扶按球試力

（1）定步扶按球試力對身體姿勢的要求

雙腳站立姿勢為丁八步，兩腳前後力量重心為前三後七，姿勢與意念同渾圓樁意念要求相同，身體呈右式站立，雙手的掌心向下，手指微屈向前，雙手相距二至三拳，右手順右腳尖的方向前伸，右手掌根部在右腳腳面上方，頭部微微向右微擰，即頭、手、腳三點一線，左手在前手後面近半掌的距離並低於前手半掌高度，雙手向前伸出相當於手臂全長度的70%，手掌部高於肘部，兩手掌位置約在胸腹部之間，肩部自然放鬆，身體自然站直。（圖 2–19）

圖 2–19

（2）定步扶按球試力的意念要求

這時意念假借周身站在齊腰深的水中，雙手臂下面扶按著一漂浮在水面上的球。首先左後腿緩緩下踩上蹬，頭頂配合向上向前微頂，平放的雙手

同時配合突出腕部向上，肘低手高隨左後腳上蹬緩緩上提，後腿在向上向前蹬地時，前腿膝蓋不要向前晃動，前腳掌輕輕下踩，後腳與前腳之間有微微擠合之意。

這時雙手在向上提球時，有向上，向內擠裹，微微向前指之意，要以上提的力為主，內合，向前的力為輔。此時意念假借身體的胸腹部，兩腿之間彷彿與球粘在一起，在左腿向上，向前蹬起時，身體同時配合慢慢將沉重的水球與身體一同配合後腿，雙手將球緩緩上提，這時由後腿向前，向上蹬地，身體的重心漸漸移動到前腳掌上，重心分配為前七後三，此時雙手配合上提到頭頂的兩側，身體前傾約 30 度，要細心體會頭與左後腿似有彈簧上下斜面相爭。意念假借將裝滿水的大球整個上提到水面即止。（圖 2–20、圖 2–21）

圖 2–20

圖 2–21

這時意念假借裝滿水的大球突然變成了漂浮在水面上的空球，並有很大的浮力感，我們要將漂浮在水面上的球在重新按進水裏。

首先，右前腿腳掌緩緩向下、向後蹬地，左後腿配合向下、坐靠，彷彿要把臂部及兩腿內側下面的石墩，慢慢坐進地裏似的，左後腿在向後下坐靠時，要體會與右前腿內側有微微外分之意，左後胯與前腿膝部彷佛似有彈簧前後，上下斜面相爭，右前腳掌五趾微微向下扒地。在左後腿向後下坐靠的瞬間，雙手的掌根部，雙臂的肘部要突出向下壓球的力為主，雙手五指微微向斜上方，雙手掌及整個手臂下側同時把漂浮的水球整體下壓。向下壓球時，雙手掌根部，肘部，手臂的根部微微外分，有下壓，外分，微微回拉的三種力，以下壓的力為主，外分，回拉的力為輔。在左右腿向下坐靠的瞬間，身體微微向後似有擠靠大樹之意，同時要體會右前腳掌與頭部上下相繫的彈簧微微相爭，這時身體的重心已變為後七前三了，雙手臂已回到起勢的肩架位置，這樣就可以繼續反覆練習上提、下按的扶按球試力了。（圖 2–22）

（3）意拳扶按球試力練習的目的和意義

扶按球試力主要針對向上和向下力量的練習。是意拳基本發力（也稱虎撲）和下壓發力的基本功，同時也是意拳推手常用的技術之一。

7. 定步旋法試力

（1）定步旋法試力對身體姿勢的要求

身體呈右式丁八步站立，兩腳前後力量的分配為五五

圖 2–22

圖 2–23

重心，身體其他部位的要求與渾圓樁相同。這時慢慢把雙手抬至胸前高度，手心朝下，五指前指，兩手相距二至三拳。意念假借雙手五指與遠處的樹上繫有彈簧，手掌、手臂下麵假借扶按沉重的鐵球，兩臂內側之間，手掌被粘在上面不能脫開。（圖 2–23）

（2）定步旋法試力的意念要求與練習方法

姿勢站好後，開始練習旋法試力了，這時後腿緩緩向左下方坐靠，後腿與前腿內側似有彈簧微微外分，前腳掌五指微微扒地，後腿在向後下方靠時，身體同時向後下移動，要細心體會身體的後部似把樹有微微擠動之意，由於後腿身體向後下方的運動，雙手同時配合把扶按的大球慢慢回拉，回拉時雙手五指要把假借的彈簧緩緩拉長，兩手臂之間有外分之意，手掌手臂似有下按又有上提之意，這

時雙手已回拉到距離自己的胸部有尺把遠時，就不要再回拉了，這時身體的重心剛好為前三後七。回拉時要注意後胯與前膝、頭與前腳、兩臂之間都似有彈簧微微相爭。（圖 2–24）

圖 2–24

隨即將扶按的大球向前推出，這時左後腿下踩前蹬微微上站，前後腿之間似有彈簧向內擠合，前腳掌微微下踩，前腿膝部微屈前指，由於後腿的運動，催動身體慢慢向左前方似有推動水或大樹之意，這時雙手掌、手臂下側同時配合將扶按的大球向前、內合、下按意向右前方緩緩推出，向前推球時，頭與前腳似有彈簧微微向下擠合，頭與後腳似有彈簧微微上下相爭，這時將球緩緩推回到定式的位置，兩腿的重心為五五的位置。（圖 2–25、圖 2–26）

以上是一回拉一推出的丁八步旋法試力。隨即可連續反覆的練習，左右式均可輪流去練，要用意不用力，慢慢去揣摸雙腿及身體雙手帶動大球旋轉的阻力感。

（3）意拳旋法試力練習的目的和意義

意拳旋法試力，是一種身法的訓練，主要練習身體前後的移動躲閃。同時旋法也是意拳推手中最常用的基本應用技術之一。

圖 2-25

圖 2-26

8. 定步搖法試力

（1）定步搖法試力對身體姿勢的要求

身體成右式丁八步站立，兩腳前後力量的分配為五五重心，身體其他部位的要求與渾圓樁相同。

意念假借我們的身如巨人一般站在很深的水中，雙手慢慢前伸尺許遠，手心向前，手指微屈上指，兩手相距二至三拳，大約在嘴部的高度，兩手像半推半托著一個大的鐵球，手指自然分開，五指間有各夾一棉球感，手臂內側彷彿裏抱一參天大樹，有分不開裏不動之意，意念假借雙手臂之間、雙手與遠處的大樹上、頭與前腳、左後胯與左前腿膝部、頭與雙手的手指、腕部都要意念假借似有彈簧微微相爭。（圖 2-27）

圖 2-27

圖 2-28

（2）定步搖法試力的意念要求與練習方法

姿勢站好後，意念假借雙手掌推著的大鐵球向自己身體緩緩滾來，這時我們的左後腿向後下坐靠，身體向左外方慢慢擠靠，意念假借身體有擠動泥土的阻力感，此時頭與右前腳掌似有彈簧上下斜面相爭，後腿在下坐時似有與前腿內側的彈簧有前後外分之意，後胯與前腿膝部似有彈簧微微的前後斜面撐開，這時雙手同時配合有微微的回拉，雙手臂內側似有把彈簧橫著撕開之意。身體在向後下坐靠時，加強向左側的擠靠，頭與左右手相繫的彈簧有前後相爭之意，這時意念將滾過來的大鐵球被我們雙手掌微微頂住，速度減慢了。我們的身體向左外方慢慢地躲閃開，這時身體的重心為前三後七。（圖 2-28）

這時意念假借鐵球繼續向前滾來，這時我們的左腳掌

圖 2-29　　圖 2-30

下踩前蹬，左腿與右腿似有彈簧向內擠合，前腳微微下踩，由於左腳掌下踩，兩腿內合前蹬的推動，我們的身體開始由左向右前方慢慢的移動，前推時頭與左後腳似有彈簧上下斜面相爭，頭部向右前上方微領，雙手同時配合將滾來的大鐵球緩緩的向前推，整個手臂內側有擠合、前推，微微向上的力量，這時將滾過來的大鐵球慢慢的向前推出。

向前推時，身體由左向右移動，要細心體會身體向右移時彷彿有擠動泥水之意，這時身體的中線已轉換到右前面了，身體為五五重心，推完即止，身體呈起勢姿勢。以上是搖法試力一回一推的練習，左，右式可交替練習。（圖 2-29、圖 2-30）

（3）意拳搖法試力練習的目的和意義

意拳搖法試力，是一種身法的訓練，主要練習身體左

右的移動躲閃。同時在實戰中以手為掩護，身體可以輕鬆靈活多變，利用身法的變化，雙手可以隨時打擊對手，使對手不易捕捉到自己。搖法試力訓練是需要認真的去練，要加深理解和體認，平步搖法試力與丁八步法試力其內涵基本相同，但為技擊服務還是丁八步搖法試力更為適合。

9. 定步神龜出水試力

（1）定步神龜出水試力對身體姿勢的要求

身體成右式丁八步站立，右腳前膝微屈，膝骨突出部位意向前指，小腿似有前後支撐之意，右膝部位有小繩微微上提，足趾微微扒地，同時左腿後膝意念略向後指，與右腿前膝似有彈簧前後相爭，後膝略有上提之意。兩腿的大腿外緣意念輕輕內裹，兩膝和小腿內側微微向外翻張。下肢動作調整好後，再來調整上肢。將雙手慢慢抬起至額頭頂部的高度，掌心向下，五指張開，手指微屈前指，兩手相距二至三拳，由於身體呈右式丁八步站立，所以右手掌位置略高於左手掌半拳左右。

（2）定步神龜出水試力的意念要求與練習方法

這時意念假借頭部與右前腳、左後膝與右前膝、雙手五指和雙手腕部與遠處的大樹、雙手掌及手臂內側、頭與前手皆有彈簧微微相爭之意。假想身如巨人，彷彿站在海水之中，水的高度在額頭位置，水面上彷彿漂著巨大的木板，雙手掌及手臂下側彷彿搭扶在水中的木板上，與其粘為一體。借木板在水面上的浮力，儘量放鬆地搭在上面，不可真用力去扶按。

按照以上要求將姿勢和各部位的意念調整好之後，就

圖 2–31

要開始練習神龜出水向上的扶按練習。左後腳掌慢慢下踩上站，催動身體慢慢的上升，體會左腿與右腿之間有向前向內與彈簧微微的擠合之意。右前腳掌微微下踩，前膝部意向前指，但不可晃動。隨著後腿和身體的上升，意念假借借用木板在水中的浮力，用雙手掌和雙手臂輕輕的扶按，扒扶著木板慢慢將身體向右手方向上升，雙手掌和雙手臂在扶按時，可用意念向前指，用力去按壓，用向內擠合之意，但只可用意，不可用力。

身體在慢慢上站時，雙手扶按的高度不變，眼睛要始終看著前上方，頭彷彿從水中慢慢鑽出，向右腳右前手方向徐徐鑽出，身體在上升時，頭與後腳似有彈簧斜面上下相爭，身體好像帶動很多的泥水在慢慢上升，要細心體會身體帶動泥水上站時的阻力感。這時身體重心已經由原來的後七前三變為前七後三，左後腿已呈似直非直狀，雙手掌的高度在鼻子或眼眶的下部。（圖 2–31）

這時向上扶按的動作已經完成，隨即再進行身體向後下的練習。這時我們雙手扶按的高度及手掌手臂下側扶按木板的意念不變。這時右前腳掌慢慢下踩回蹬，催動身體向後下微微坐靠，左後腿膝部微微彎曲下坐，似有把前後腿內側相繫的彈簧微微的爭開，右前腳掌五趾有微微的扒

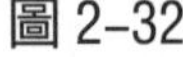
圖 2-32

圖 2-33

地之意，右膝部仍然意向前指，不可向後晃動。身體在向後下坐靠時，意念有將整個身體和頭部借用雙手掌和手臂扶按木板的浮力緩緩沉入水中，這時，雙手掌五指，手腕與遠處相繫的彈簧有相爭之意。雙手掌，雙手臂下側有向下按壓木板之意。身體在下坐時，頭與前手相繫的彈簧有上下斜向相爭之意。身體在下坐後靠時，身後各部位都要著意體會有擠靠泥水的阻力感。這時身體的重心已由原來的前七後三變為後七前三的位置。手掌手臂的姿勢又回到起勢時的間架。（圖 2-32、圖 2-33）

（3）意拳神龜出水試力練習的目的和意義

需要注意的是在整個動作的過程中，不可將雙手臂的高度隨意升降。意拳的神龜出水試力，其主要練習的目的，就是培養我們在散手練習中的身法。身法的練習在意

拳的各項基本功裏佔有很重要的位置，它要求要有很紮實的站樁和試力的基礎。

意拳的神龜出水試力，是集身法、手法、步法同時訓練的一種高級試力。其運動的強度，身體前後、上下、左右的運動幅度，雙腿高低的升降，都要遠遠超過其他試力，所以在練習時感覺很辛苦。姚宗勳先生曾講，練習意拳的神龜出水試力，一定要慢慢地去體會動作，肩部、雙臂要保持放鬆，意念假借我們的身體完全是借用雙手扶按木板的浮力，身體在前後、左右、上下運動時，雙手的高度姿勢不變。五指要意向前指，利用雙手的掩護，身體在前後、左右、上下的運動，要給對手以琢磨不定的感覺，前後手還要隨時給對手以有力的打擊。

以上的神龜出水試力，每日站樁後，可練 10～15 分鐘，練習時一定要著意體會身體各部的阻力感，意念一定要放遠、放大，一定要慢，不可快做，快了則意感不強。左右可交替練習。

10. 定步正劈試力

（1）定步正劈試力對身體姿勢的要求

身體成左式丁八步站立，左手前伸時掌根部與左腳尖相對，五指微屈前伸，掌心向右，意念假借前手五指和腕部似有彈簧與遠處樹上相連，左手提起超過頭頂 10 公分左右，五指微屈前伸，掌心向左，腕部微扣，意有夾一小球之意，意念假借左手五指和腕部似有彈簧與遠處的樹上相繫，肘低手高大約為 90 度角，雙手掌及手臂內側、頭與前腳、左後胯與前膝都似有彈簧微微上下斜面相爭，這時身體重

心為後六前四。（圖 2–34）

圖 2–34

（2）定步正劈試力的意念要求與練習方法

姿勢站好後，意念假設左前方彷彿有一棵參天大樹，雙手臂下側彷彿像兩把鋒利的刀刃，有把大樹劈成兩半之意。

左後手在緩緩向下劈時，左後腳下踩前蹬上站，左後腿向內側裹轉，右前腳掌同時配合下踩上站，微微向外轉動。這時左手向右手前方的大樹緩緩劈下，彷彿整個手臂把大樹慢慢劈開，左手向下劈樹時，有前指、內合、下劈的三種力；左手在向下劈時，右前手同時配合慢慢上提，肘微微外分向後。右手慢慢下劈到到胸部偏下的位置時就不要再劈了，這時右前手已上提到頭頂 10 公分處即可。在左手下劈左手上提時，兩手之間、頭與後腳都有彈簧微微斜面相爭，這時左胯與身體向右旋轉時，身體向右前方斜面大約為 180 度角，這時頭與前腳及後腳都有彈簧斜面相爭，意念假借左後手臂彷彿把參天大樹從樹梢劈透到樹根泥土中之意，這時身體的重心已變成前七後三。（圖 2–35）

隨即再做右手下劈的試力，向下劈時，右前腳下踩上站，腿向內旋，催動身體和左腿向後外旋轉，左胯微微後靠，左腳掌下踩上站，頭與前腳、兩腿之間似有彈簧微微斜面相爭，身體在向外旋轉時，似有在樹中擰轉，意有向

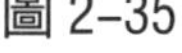
圖 2–35

圖 2–36

外螺旋之意，由於身體的向後向外旋轉，帶動了右手臂慢慢下劈，有向前，向下的，向內的三種力。

左手臂同時配合上提，有上提，肘微外分向後的力。在右手臂下劈時，意念假借把雙手內側相繫的彈簧橫著上下斜面慢慢拉開，右手臂下有把大樹劈為兩半之意，右手下劈到高度在胸部偏下的位置，左手上提超過頭頂大約 10 公分距離時就不要再劈了，這個姿勢就是正劈試力的定式，這時身體重心仍是前四後六。（圖 2–36）

11. 定步側劈試力

（1）定步側劈試力對身體姿勢的要求

身體成右式丁八步站立，雙手抬起約胸部的高度，掌心向下，手指斜面相對，右手長出左後手半拳距離，肘低手

高，意念假借雙手五指、腕部、肘部及手臂內側、兩腿之間有很多彈簧相繫，頭與前腳、後胯與前腿膝部似有彈簧前後上下斜面相爭。（圖 2-37）

圖 2-37

（2）定步側劈試力的意念要求與練習方法

姿勢站好後，開始練習側劈的試力，這時左後腿慢慢下踩上站，左後腿向外旋轉，右前腳掌下踩上站，膝部前指，右前腿向外旋轉，由於兩腿下踩上站，外旋的力量，身體向上挺拔，雙手慢慢向外分開大約 40～50 公分左右距離，雙手在外分時，意念假借把雙手五指、腕部、肘部、手臂內側相繫的彈簧同時有慢慢地撐開拉長之意，雙手向外分開大約 40～50公分距離時就不要再分了，這時身體的重心為五五位置，一分即止，身體仍回到後七前三，在兩腿下踩上站外旋的瞬間，要細心體會兩腿之間相繫的彈簧和雙手臂內側相繫的彈簧同時有慢慢地撐開拉長之意，雙手撐開 40～50 公分左右就不要再回拉了，身體重心仍回到後七前三的位置，雙手仍保持二、三拳的距離，隨即就可以反覆練習了。

定步側劈試力練習時眼睛始終要盯住前腳前手掌根部外側的打擊目標，後手掌手臂也意有接觸目標之意。（圖 2-38、圖 2-39）

圖 2-38　　　　圖 2-39

12. 定步雙手環繞側劈試力

（1）定步雙手環繞側劈試力對身體姿勢的要求

身體成右式丁八步站立，重心為前三後七，右手臂向前伸出相當於手臂 80%的長度，五指張開，高度大約在胸部以下，腹部以上的位置，肘關節處微屈，手掌心及手臂內側呈斜上方；左手掌，手臂抬起，肩部放鬆，手背，手臂向內，掌心向外向上，五指張開，肘部與手掌呈略大於90 度角，置於頭部上側 1～2 拳左右，這時身體重心為前四後六。左胯與右腿前膝、頭與前腳、雙手五指及手臂部內側意念假借似都有彈簧上下斜面相爭，這時身體為 90 度斜面。（圖 2-40）

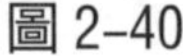

圖 2-40

圖 2-41

（2）定步雙手環繞側劈試力的意念要求與練習方法

姿勢站好後，意念假借雙手臂下側好似兩把鋒得的刀刃，前面似有一棵參天大樹，彷彿大樹與我們的身體融為一體。這時先進行左手臂向下劈的練習。

下劈時，左後腳下踩、上站、前蹬，左後腿慢慢向下向內擰裹，這時前腳掌同時配合下踩，上站，膝部前指，前腿向外旋轉，由於左後腿下踩、上站、前蹬、向內擰的力量，催動身體的胯部、腰部、肩部向前、向內、向右的擰轉，左後手臂同時配合向前、向下、向內的斜下方劈去，隨即右手再向上、向外、向後慢慢旋轉到頭部的右上側超出頭頂兩拳的距離即止，這時身體的重心已成前七後三的位置，在身體向右旋轉成 180 度角時，左後手已緩緩下劈到胸部以下腹部以上的位置。身體在向右、向內旋轉

時，意念假借整個身體在樹中向內螺旋擰轉，兩手臂內側、頭與後腳之間有彈簧上下斜面相爭。（圖 2–41）

後手向斜下劈的動作完成之後，隨即開始練習右手臂下劈的練習了。在前腿下踩，上站、回蹬、內旋，左後腿配合下踩、上站、回靠、外旋，頭與前腳、左後胯與右腿膝部都似有彈簧前後斜面相爭，身體由向右 180 度旋轉已向左回轉到90 度角，兩腿及身體向左旋轉時，意有在樹中向外螺旋擰轉，身體及雙腿的後部有擠靠大樹的阻力感。由於兩腿旋轉帶動身體向左的旋轉，身體又帶動右上手向外、向內、向下緩緩劈去，劈到胸部以下腹部以上的位置即止，意有將參天大樹斜面劈透之意。當右前手下劈時，左手同時配合向外、向上、向後旋轉至頭部的右側上方一至二拳的高度位置，兩手臂在一下一上的旋轉時，意有將手臂內側的彈簧上下斜面相爭，這時身體的重心已變成前六後四的位置，此時右手臂下劈的動作完成。

以上是定步環繞側劈試力的右手，左手的上下環繞側劈試力，練習是要用意不用力地放鬆去做，體會意念假借中所要求的各項爭力，注意雙腿，身體，雙手臂的協調運動，力量要均勻，動作要慢做，上下互相配合，不可快慢不一，要左右式交替練習。（圖 2–42）

圖 2–42

（3）意拳正劈、側劈和環繞側劈試力的作用

意拳正劈、側劈和環繞側劈試力是三種側重於擊打的動作。正劈是由上而下的擊打，側劈是左右的擊打，而環繞側劈則是由上向斜內下側的擊打。

13. 定步綜合試力

（1）定步綜合試力對身體姿勢的要求

上述的各種試力，在熟練掌握了其單個的技術要領之後，我們就要進行定步的綜合試力練習了。身體取丁八步步法站立，身體為五五重心。開始時可隨意挑選一個試力的動作去做。

（2）定步綜合試力的意念要求與練習方法

首先，第一個動作的起勢以勾掛試力開始，手心相對，五指微屈前指，小指微向斜下方，雙手手腕部似夾一小棉球，右手右腳在前，右手略高於左手半拳左右，手臂前伸，伸出的長度相當於自己臂長的 70～80%，右前手的高度在口鼻部位，左手的高度在口部或者下巴部位，兩手相距二至三拳。姿勢和步法站好後，開始練習練習向後的勾掛試力。向後、向外分，微微上掛的三種力及手型的變化與轉換其內涵的爭力要求身體重心的要求與定步勾掛試力的要求相同。

勾掛試力做完之後，隨即再做撥水試力。一個完整的撥水試力完成之後，可接著做偏掛試力，然後是扶按球試力，平推試力，緊接著再做旋法試力、開合試力、搖法試力、正劈試力和神龜出水試力。

以上各種試力在練習時可隨時隨意的變化。關鍵是要在轉換時，動作的姿勢和高度與定步單個動作要求相比可以有一定的變化，不必過於拘泥。但在其內涵上卻來不得半點馬虎，要由正確的意念統一周身整體。正如意拳宗師王薌齋先生所言，但求神意足，不求形骸似。又如姚宗勳先生所言，意拳就是在空氣中游泳，要做到周身與肢體各部始終合而為一，成為一個整體，動一處而牽動全身。

（3）意拳綜合試力練習的目的和意義

意拳綜合試力其訓練的根本目的與原則就是檢驗站樁基本功和有規律的各種試力的基本功水準，以更進一步接近實戰，更好的在實戰中發揮出渾圓力的作用。

（二）意拳走步試力

1. 走步平推試力

（1）走步平推試力對身體姿勢的要求

身體成左式定步平推試力基本姿勢站立，身體各部分的意念要求與定步平推試力完全相同，身體重心為五五位置。（圖 2-43）

圖 2-43

（2）走步平推試力的意念要求與練習方法

姿勢擺好後，開始向前行進，這時右後腿腳掌緩緩向前蹬，前腿膝部微微彎曲，將身

圖 2–44

圖 2–45

體重心慢慢向前移動到左腳掌上，這時身體的重心為前七後三。身體重心向前移動時，雙手的外型不要變化，意念假借雙手臂下側扶按在水中漂浮的木板上（要放鬆地去扶按），身體在向前移動時要體會擠動泥水之意。（圖 2–44）

這時左腳掌微微前蹬上站，用身體帶動右後腿腳掌平行從爛泥中慢慢拔起離地大約 1 公分，不要與地面摩擦，右後腳尖開始緩緩地向左腳跟內側慢慢向斜前方行進。在右後腳掌平行從地面拔起的瞬間，雙手同時配合慢慢的回拉，假借把五指、腕部與遠處樹上相繫的彈簧緩緩拉長，彷彿把雙手臂下面扶按的木板有拉回之意，回拉時有回拉、外分（肘部）、上提木板的三種力，以回拉的力為主，外分、上提的力為輔。（圖 2–45）

回拉時由於肘部的外分，雙手的手掌微微向內旋，雙手的掌根外側向外旋，這時右腳掌緩緩向前行進到超過左腳尖一腳掌距離時，右腿和右腳掌開始緩緩向前指、向外分、向斜前方橫趟，意有把爛泥、蒿草橫著趟開之意，這時右腳掌輕輕落成丁八步樁法位置，雙手回拉到離胸部尺許遠即可，此時，雙手呈丁八步平推試力回拉完的姿勢，身體重心為後七前三。（圖 2–46）

圖 2–46

隨即意念假借將雙手平行慢慢向前推出，緩緩將雙手十指和腕部相繫的彈簧向前頂壓回去，將手臂下面扶按的木板緩緩推出，前推時要細心體會有向前、擠合、微微下按的阻力感，要突出以前進的力為主、擠合、下按的力為輔。推完時姿勢呈丁八步平推試力定勢。這時，右後腳已變為前腳，左腳變為後腳，雙手在向前推時要順著自己鼻樑胸窩的中線平行推出，不許向右腳尖斜前方推出，這時身體重心為五五位置。（圖 2–47）

隨即接著練習左後腿行進的試力了，這時將左後腿的腳掌緩緩下踩、前蹬，將身體的重心緩緩移動到右腳掌上，此時身體的重心為前七後三。（圖 2–48）

這時右腿前蹬上站，用身體帶動左後腿平行從爛泥中緩緩拔起，左後腳順著右腳跟內側緩緩向斜前方行進，此時的

圖 2-47

圖 2-48

意念要求與走第一步平推試力意念要求相同。（圖 2-49）

左腳橫向外分到丁八步樁法的位置時，腳掌輕輕落下，足跟微虛，雙手已呈丁八步平推式力回拉完的姿勢。隨即在練習向前推的動作，其手型的變化、腿部、身體的意念要求同上。（圖 2-50、圖 2-51）

圖 2-49

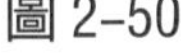
圖 2–50

圖 2–51

2. 走步開合試力

（1）走步開合試力對身體姿勢的要求

身體呈左式定步開合試力基本姿勢站立，身體各部分的意念要求與定步開合試力完全相同，身體重心為五五位置。（圖 2–52）

圖 2–52

（2）走步開合試力的意念要求與練習方法

進行走步開合試力練習時，右後腿腳掌緩緩前蹬，身

體重心也同時慢慢向前移動到左前腳掌上，為前七後三。當身體在向前移動時，要細心體會雙腿動作，彷彿把爛泥蒿草微微擠動，雙手的外型不變，意念假借雙手掌微微扶住漂浮水中的木板上，要求放鬆地扶按。這時左腿微微前蹬上站，用身體帶動右腳掌平行從爛泥中慢慢拔起，大約離地 1 公分，不要與地面摩擦，用身體帶動後腳尖向左腳跟內側慢慢向斜前方行進，頭與右後腳掌似有彈簧微微上下斜面相爭，兩腿的胯部、膝部、腳尖部都意向前指。兩腿在微微向前行進時，意念假借把阻擋的爛泥高草緩緩地趟開，在右後腳平行從地面拔起的瞬間，雙手同時配合慢慢的外分，外分時一定要突出以腕部、肘部外分的力為主，以回拉，上提的力為輔。（圖 2–53）

圖 2–53

當右腳掌緩緩向前行進到超過左腳尖一腳掌距離時即止，右腿緩緩地向斜前方橫趟，意有把爛泥、蒿草橫著趟開之意，頭與右腳相繫的彈簧上下斜面相爭，慢慢將右腳尖落下，足跟微虛，形成丁八步位置，雙手已向外分開大約 40～50 公分，身體的重心是後七前三。（圖 2–54、圖 2–55）

隨即接著做合的試力。向裏合時要以掌根為主，雙手五指、腕部及手臂內側一起配合向內擠合，有擠合、前

圖 2–54

圖 2–55

指、下按的三種力，要突出以合的力為主，前指、下按的力為輔，身體配合微微有內向擠動水的阻力，左後腳掌慢慢下踩前蹬催動身體緩緩向前，右前腳掌微微下踩，雙腿內側似有彈簧向前擠合，這時身體呈五五重心，雙手向內擠合到相距兩三拳的位置即止，此時彷彿已把頂著的彈簧擠壓成一團。（圖2–56）

圖 2–56

這時如若繼續行進，抬左後腳時，其意念要求與行走右

圖 2-57

圖 2-58

腳時意念完全相同。（圖 2-57～圖 2-59）

圖 2-59

3. 走步撥水試力

（1）走步撥水試力對身體姿勢的要求

身體成左式定步撥水試力基本姿勢站立，身體各部分的意念要求與定步撥水試力完全相同，身體重心為五五位置。雙手掌心斜面向上，大約在胸部的位置，手指微屈前指，兩手相距兩三拳距離，雙腿假借

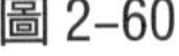

圖 2-61

踩在泥或草叢中，胸、腹部假借有水阻擋。（圖 2-60）

（2）走步撥水試力的意念要求與練習方法

姿勢擺好後，左後腳掌緩緩下踩、前蹬，催動身體重心向前腳移動。（圖 2-61）

在用身體帶動左後腳離地的瞬間，其意念活動與左後腳掌尖進行的路線與走步開合試力的意念活動相同。雙手同時配合，要突出腕部的外側，雙肘外側向後向外撥水，要細心體會手指縫，手掌外側，手臂外側似有撥水的阻力感，這是雙手已回撥到胯部的兩側，左後腿左腳也同時進行到丁八步撥水試力的定勢位置，右腳掌輕輕踩地，這時身體的重心為後七前三。左腿左腳掌在前行時，雙腿的指力、頭與左腳上下的爭力與走步開合試力的意念要求一樣。雙手在向後撥水時要突出向後的力為主，向下、向外

圖 2-62

圖 2-63

的力為輔。（圖 2-62～圖 2-64）

隨即右後腳掌下踩前蹬，兩腿內側擠合，左前腳尖下踩，催動身體向前，雙腿前指的意念要求與走步向裏合時的意念要求一樣。雙手在向前撥水時要突出掌根部位，以向前的力為主，向上、擠合的力為輔，將雙手撥回到起勢的位置，掌心呈斜上方，雙手相距二至三拳，身體為五、五重心。向前撥水時要細心體會水的阻力感，這時如若繼續行

圖 2-64

進，抬右後腳時，其身體各部位的意念要求與左腳的意念要求相同。（圖 2–65～圖 2–70）

圖 2–65

圖 2–66

圖 2–67

圖 2–68

圖 2-69

圖 2-70

4. 走步勾掛試力

圖 2-71

（1）走步勾掛試力對身體姿勢的要求

身體成左式定步勾掛試力基本姿勢站立，身體各部分的意念要求與定步勾掛試力完全相同，身體重心為五五位置。（圖 2-71）

（2）走步勾掛試力的意念要求與練習方法

姿勢擺好後，開始向前行進，這時左後腿腳掌緩緩前

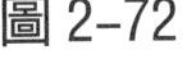
圖 2-72

圖 2-73

蹬，前腿膝部微微彎曲，身體重心慢慢前移，雙手的外型不要變化。意念假借，雙手臂下側搭扶在水中漂浮的木板上，身體前移時，有擠動泥水之意。（圖 2-72）

這時右前腳掌微微前蹬上站，用身體帶動左後腿腳掌平行從爛泥中前方行進，行進時雙腿的意念活動、頭與左後腳上下相爭的意念活動與走步分掛試力的意念活動相同。在左後腳掌平行從地面拔起的瞬間，雙手同時配合慢慢的回拉，假借把手臂從大團飴糖中緩緩拉出，突出肘部外分，雙手的掌根下側微微外旋，雙手的腕部突出向外旋，要以手臂回拉的力為主，外分、上提的力為輔。（圖 2-73）

回拉時，由於肘部外分雙手的手掌微微內合，這時左腳掌微微向前行進到超過右腳尖一腳掌距離時，雙手配合回拉到距胸部尺許遠。這時左腿左腳緩緩前指、外分，向

斜前方橫趟，左腳掌尖輕輕踩地，同時意念假借回拉的雙手臂彷彿被麻繩纏繞，雙手向下、向內、向外擰轉時，手指意向前指，意有把麻繩擰斷之意。這時雙手已旋轉到掌心向下，手指向前呈丁八把平推試力拉回的姿勢，身體的重心為前七後三。（圖 2–74）

隨即意念假借將雙手平行慢慢向前推出，把雙手臂插入飴糖中，前推時要細心體會有向前、擠合、微微下按的阻力感，前推時雙腿的意念要求和身體擠動泥水的意念要求與定步平推試力要求一樣，推完時姿勢呈定步平推試力的定勢。這時左後腳已變為前腳，右腳變為後腳，雙手在前推時，要順著自己鼻樑胸窩中線平行推出，不許向左腳尖斜前方推出。這時身體的重心為五五位置。（圖 2–75）

隨即接著練習右後腿行進的試力了。右後腿行進的試力其身體各部位的意念要求與左後腿的意念要求完全相

圖 2–74

圖 2–75

同。（圖 2–76～圖 2–87）

圖 2–76

圖 2–77

圖 2–78

圖 2–79

圖 2-80

圖 2-81

圖 2-82

圖 2-83

圖 2-84

圖 2-85

圖 2-86

圖 2-87

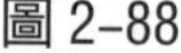

圖 2–88

圖 2–89

5. 走步分掛試力

（1）走步分掛試力對身體姿勢的要求

身體成右式定步分掛試力基本姿勢站立，身體各部分的意念要求與定步分掛試力完全相同，身體重心為五五位置。（圖 2–88）

（2）走步分掛試力的意念要求與練習方法

這時左後腳掌緩緩前蹬，身體重心慢慢向前移在右腳掌上，重心為前七後三，雙手的外型不要變化，意念假借左手掌臂下側，左手掌下側扶按著在水中漂浮的木板上，要放鬆地扶按，身體在向前移動時要體會把泥水擠動之意。（圖 2–89）

這時右前腳微微前蹬上站，用身體帶動左後腿腳掌平行從爛泥中慢慢拔起離地大約 1 公分，不要與地面摩擦。這時左後腳尖緩緩向右腳跟內側的斜前方行進，頭與左後腳掌相繫的彈簧微微上下相爭。站立的右腿胯部、膝部、腳尖部都意向前指，左後腿的前胯部、膝部、腳尖部也同時意向前指。左腿左腳在緩緩向前行進時把假借爛泥蒿草緩緩趟開。在左腳平行從地面拔起的瞬間，右前手同時配合慢慢的開始回拉、外分、微微上提，左後手同時配合慢慢回拉、肘部外分、左後掌根部有向下扒物之感。這時左腳掌緩緩的向前行進到超過右腳尖一腳掌距離時，就不再向前走了，這時雙手已回拉到離胸部尺許遠，但意念仍有拉彈簧之意（前臂與大臂約成 120 度角）。（圖 2–90）

這時左腳掌、左腿緩緩的向前指、向外分、向斜前方橫趟，意有把爛泥蒿草橫著趟開之意。步子橫趟走到丁八步位置時，慢慢將左腳掌尖落下，左足跟要虛（足跟離地大約 1 公分），這時左手掌手臂同時向下、向內擰轉，意念假借把纏繞手臂的麻繩有擰斷之意。左後手同時配合微微地外分、回拉，向下有扒物之感。同時與右手臂內側有擠合不動之意。這時右手臂已旋轉到掌心向下，手指前指，雙手呈丁八步平推試力拉回時的姿勢。（圖 2–91）

圖 2–90

這時意念假借將雙手平行

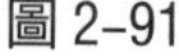

圖 2–91

圖 2–92

慢慢向前推出，緩緩將手指，手臂插入飴糖中，前進時要細心體會有向前、內向、微微下按的阻力感，前推時身體各部位的意念要求與丁八步平推試力完全一樣。這時左後腳已變為前腳，右腳變為後腳，雙手在向前推時，要順著自己鼻梁胸窩的中線平行推出，不許向後腳尖斜前方推出，這時身體為五五重心。（圖 2–92）

此時接著練習右後腿行進的試力了。這時將右腳掌緩緩下踩、前蹬，將身體的重心緩緩移動到左腳掌上，此時身體的重心為前七後三。在身體重心前移時，左前手同時配合將整只手臂在飴糖中旋轉到手心呈斜面向上，右後手同時配合手臂內側似有擠合之意，左手腕部，大指外側，向內微扣。這時雙手已變為勾掛試力起勢的姿勢了。（圖 2–93）

這時左腿前蹬上站，用身體帶動右後腿平行從爛泥中

圖 2-93

圖 2-94

緩緩拔起，右後腳尖順著左腳跟內側緩緩向前方行進，其身體各部位的意念要求與走第一步分掛試力的意念要求一樣。右腳橫向外分時，左手向內、向外手指前指的旋轉動作不變，右前腳尖落地時，左手掌已旋轉成平推試力回拉的姿勢，這時雙腿有向前、擠合、下踩、前推，雙手同時緩緩前推，身體同時配合有擠動泥水之意，如若繼續行進，其身體的要求同上。（圖 2-94～97）

圖 2-95

圖 2–96

圖 2–97

6. 走步扶按球試力

（1）走步扶按球試力對身體姿勢的要求

身體成左式定步扶按球試力基本姿勢站立，身體各部分的意念要求與定步扶按球試力完全相同，身體重心為五五位置。（圖 2–98）

圖 2–98

（2）走步扶按球試力的意念要求與練習方法

向前行進時，右後腳掌下踩前蹬，催動身體慢慢向左前

腳方向行進，意念假借將周身阻擋的泥水緩緩向前推動，體會身體與腿部有推動泥沙的阻力感，這時身體的重心已是前七後三了。（圖 2-99）

圖 2-99

隨即用身體帶動右後腿緩緩從地面平行拔起，腳掌離地面約2、3 公分，後腳行走的路線與走摩擦步的路線相同。在行進過程中，要意念體會有趟開阻擋在腿部的泥水的阻力感。在右後腳緩緩把腳掌從地面泥水中拔出的瞬間，雙手雙臂也緩緩的同時上提，要突出雙手腕部為主，掌心向下，五指似有抓球之意，肘底手高，把雙手雙臂下面粘住手臂的大球慢慢提起，有上提、擠合、向前之意。這時右後腿腳掌在剛剛落到丁八步位置時，當雙手掌上提已超過頭頂10 公分左右後就不要再上提了，這時身體的重心是前三後七。（圖 2-100、圖 2-101）

隨後左後腳掌下踩前蹬，慢慢向前移動重心，待向前移動到前七後三時，再將提起在水中漂浮的大球慢慢壓進水裏，首先右前腳掌下踩回蹬，左後腿配合向下坐靠，彷彿要把臀部、兩腿內側下面的石墩慢慢坐進地裏，右後腿在向下坐靠的瞬間，要體會與右前腿內側有微微外分之意，左後胯與右前腿部彷彿似有彈簧前後、上下斜面相爭，右前腳掌五趾微微向下扒地，在後腿向下坐靠的瞬間

圖 2-100

圖 2-101

雙手的掌根部、雙臂及肘部要突出向下壓球的力為主。雙手臂下側同時把漂浮的大球整體下壓。向下壓球時，雙手的掌根部、肘部、手臂的根部微微外分，有下壓、外分、微微回拉的三種力，要以下壓的力為主，外分、回拉的力為輔。在左後腿向下坐靠的瞬間，身體微微向後似有擠靠大樹之意，要細心體會整個身體後部有微微擠動大樹之意。同時要體會右前腳掌與頭部上下相繫的彈簧有慢慢上下、前後斜面相爭，這時身體的重心已變為前三後七了，雙手掌手臂已下按到起勢的間架位置。（圖 2-102、圖 2-103）

隨即再進行左後腳走步的試力了。這時左後腳掌下踩前蹬，催動身體慢慢向右腳前方行進。行進中身體各部位的意念活動與走右腳的意念活動相同，完成動作之後身體的重心仍然是前七後三。（圖 2-104～圖 2-107）

圖 2-102

圖 2-103

圖 2-104

圖 2-105

圖 2-106

圖 2-107

隨即再練習退步的扶按球試力。右後腳在向下坐靠平衡後，用身體整體將右前腳緩緩從泥中拔起，腳掌離地約1、2公分，左前腳向右方橫著慢慢向內橫趟，橫著前進大約到右後腳尖的內側位置，左腳向內側橫趟時要細心體會趟開泥沙的阻力感，隨即用左後腳跟為主慢慢向後行進，要細心體會左腳、左腿將阻擋的泥沙向後慢慢趟開的阻力感。這時再將左腳跟順著右腳跟的內側向後、向外緩緩後退，這時右腳掌尖輕輕下踩，左腳在向後、向外後退時要體會頭與左腳似有彈簧微微上下相爭，兩腿內側似有把彈簧橫向撕開之意，有把左腿左面的泥沙緩緩趟開之意，就在左前腳剛剛從泥沙中拔起的瞬間，要以雙手掌腕部為主，掌心向下，五指似有抓球之意，肘低手高把雙手雙臂下面粘住的大球慢慢提起，有向上、向前、內合之意，這

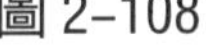

圖 2–108

圖 2–109

時左腳掌剛剛落地，雙手掌部已超過頭頂 10 公分左右，這時雙手雙臂就不要再上提了。此時身體的重心為前七後三。（圖 2–108～110）

隨即把漂浮的大球再按進水裏，右前腳掌下踩前蹬，左後腿及臀部微微向後下坐靠，右腿與左後腿內側彷彿似有彈簧微微外分，後胯與前膝部似有彈簧前後斜面相爭，在身體重心向後下坐靠的瞬間雙手掌部、肘部、雙手臂根部在向下

圖 2–110

按球時，內在有向下、向後、外分的力。同時，在身體微微回靠時，整個身體後部有微微擠動大樹之意。這時的身體重心已是後七前三了。（圖 2-111）

隨即再做右前腳後退的練習，其動作與左腿都要領完全相同。（圖 2-112～115）

圖 2-111

圖 2-112

圖 2-113

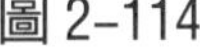
圖 2-114

圖 2-115

7. 走步旋法試力

（1）走步旋法試力對身體姿勢的要求

身體成右式定步旋法試力基本姿勢站立，身體各部分的意念要求與定步旋法試力完全相同，身體重心為五、五位置。（圖 2-116）

圖 2-116

（2）走步旋法試力的意念要求與練習方法

這時慢慢將雙手抬至胸部的高度，手心朝下，手指微屈

前指，兩手掌相距二至三拳，雙手五指、雙手腕部與遠處的大樹以及兩肘之間、兩臂內側橫著似有彈簧相繫，手掌、手臂下面意念假借扶按著大的鐵球，手掌、手臂與球粘在一起不能脫開。姿勢站好後，就可開始進行試力了，這時右後腳緩緩下踩前蹬，推動身體慢慢向前，將身體重心移動到右前腳上，這時雙腿的重心為前七後三的位置。（圖 2–117）

圖 2–117

身體在向前移動時要體會擠推泥水的阻力感，同時雙手放鬆的扶按著大鐵球，向前行進時，用身體整體把左後腿從泥水中平行拔起，離地約一、二公分，這時左腳尖向斜前方的右前腳後跟處緩緩前趟，整條大腿似有在泥中緩緩向前擠推爛泥之意，這時左腳尖已接觸到右前腳掌根內側，接著左後腳尖順著右腳內側緩緩行進，左腳向前行到右前腳掌大約一腳距離時，就不要向前進了，隨即將腳掌和腿整體橫向向外行進，意將右腿與左腿內側相繫的彈簧慢慢分開，這時左腿已行進到丁八步位置，左腳掌尖輕輕踩地，腳跟微虛。左腿在向前進行時，大腿意向前指。右後腿也同時意向前指，似有催動前腿之意。左腿在向前進時頭部始終有挺拔之意，與左腿似有彈簧微微上下相爭。在左腳剛剛離地欲進之時，雙手要同時配合有回拉、外分、上提之意。

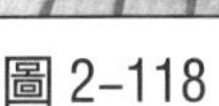
圖 2-118

圖 2-119

雙手回拉時，意把手掌手臂扶按的大球向右微微旋轉，再將雙手五指與遠處相繫的彈簧緩緩拉長，要著意體會帶動大球和拉長彈簧的阻力感，雙手再回拉時，雙手的掌根部有微微的外旋。

這時將雙手回拉旋到距胸部尺許距離時就不要再拉了，這時左前腳輕輕踩地，腳跟微虛。這時身體的重心分配為前三後七的位置。（圖 2-118、圖 2-119）

隨即右後腳下踩前蹬，催動身體緩緩向前，左前腳掌微微下踩，前腿與後腿似有彈簧向內微微擠合，在右後腳向前下踩前蹬的瞬間，雙手掌手臂同時配合向前推，向內擠合，雙臂下側有向下按球之意。向前向下緩緩推出，推到左前掌根與左後腳尖上下相對的位置時，雙手五指似有把彈簧緩緩頂回，這時身體重心又回到五五位置。（圖 2-

圖 2–120

圖 2–121

120）

這時左後腳下踩前蹬推動身體緩緩向前，意有擠動泥水的阻力感，由於後腿的催動身體的重心分配為前七後三時，用整個身體將右後腿從爛泥中緩緩拔起，離地大約 1、2 公分，右後腳尖向斜前方緩緩前進時，左腳有摧前腳之意，兩腿內側以及頭與前腳似有彈簧上下斜面相爭之意，與左腳走步時意念活動相同。（圖 2–121～124）

圖 2–122

圖 2–123

圖 2–124

8. 走步搖法試力

（1）走步搖法試力對身體姿勢的要求

身體成右式定步搖法試力基本姿勢站立，身體各部分的意念要求與定步搖法試力完全相同，身體重心為五、五位置。（圖 2–125）

（2）走步搖法試力的意念要求與練習方法

姿勢站好後，左後腳掌慢慢下踩、上站、前蹬催動身體向前，意念假借腿部、胸、腹部向前有擠動泥水之意。身體向前擠動泥水時，舉起的雙手不動，由於後腿的運動催動身體向前，這時身體的重心已移動到前腳掌位置上，重心為前七後三了。（圖 2–126）

這時右前腳掌下踩、前蹬、上站帶動身體把左後腿及

圖 2–125

圖 2–126

腳掌平行地從爛泥中緩緩拔起，隨即左腳掌緩緩向右向前朝右腳掌足跟部慢慢行進，意有把爛泥淌開之意。就在左後腳掌從泥土中平行拔起的瞬間，舉起的雙手開始緩緩回拉，雙肘外分，肘臂根部有向後下慢慢回拉，意有把滾動的大球頂住慢慢向後轉動。左後腳掌順著左腳足內側繼續慢慢向前行進，意念假借把左腿前的泥沙緩緩地趟開。左腿向前行進時，左腿和獨立的右腿胯部、膝部、腳掌尖部都向前指，好似後腿有催動前腿之意。這時，右後腳已行進到超過左腳掌一腳掌距離時，右腳開始向後慢慢移動，意念假借兩腿內側相繫的彈簧緩緩有拉長之意。（圖 2–127）

右腳向右大約行進到丁八步位置時，右腳掌尖輕輕地踩地，後足跟緩緩離地，這時身體的重心乃是前三後七的位置。右腿在向前進時，舉起的雙手繼續慢慢地回拉、外

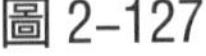

圖 2-127

圖 2-128

分，肘部、手臂根部向後下方回拉，在右腳掌輕輕踩地的瞬間，舉起的雙手已回拉到自己身體的尺許遠時就不要再回拉了，這時身體的重心為五五位置。雙手在向前、向內、向斜上方推時一定要順著自己的鼻梁中線直著向前推，當推到右腳掌尖部位時就不要向前推了。以上是走動右腳時配合雙手搖法的試力。（圖 2-128）

隨即再練習左腳掌向前行進的搖法試力。左腿左腳下踩上站將身體的重心移動到右前腳掌上，身體在向前移動時，舉起的雙手不動，著意體會有推動兩腿前面、胸腹部的泥沙的阻力感，身體的重心為前七後三。（圖 2-129）

這時右腳掌下踩、前蹬、微微上站，用身體帶動後腿平行慢慢從泥沙中拔起，左腿腳尖離地一、二公分時，向斜上方右腳足跟處慢慢行進，意念假借將阻擋的泥沙緩緩

圖 2-129

圖 2-130

地趟開，就在左後腳從泥沙中平行拔起的瞬間，舉起的雙手同時配合回拉、肘部外分，手臂根部向後下移動，左後腳掌順著右腳掌內側慢慢向前行進，當左腳掌輕輕踩地時，舉起的雙手已回拉到距胸尺許遠距離。隨即後腿下踩、前蹬、上站，催動身體向前。雙手向前、向內、向上前推的意念活動同走右腿摩擦步時雙手的意念活動相同。（圖 2-130、131）

圖 2-131

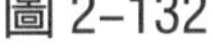

圖 2-132

圖 2-133

9. 走步神龜出水試力

（1）走步神龜出水試力對身體姿勢的要求

身體成左式定步神龜出水試力基本姿勢站立，身體各部分的意念要求與定步神龜出水試力完全相同，雙手高度在額頭部位。身體重心為前三後七。（圖 2-132）

（2）走步神龜出水試力的意念要求與練習方法

調好姿勢後，開始練習。右後腳下踩、前蹬，催動身體緩緩向左前方行進。體會身體在泥水中慢慢擠動向前的阻力感。身體前行時，抬起的雙手不動，身體重心慢慢移動至前七後三。（圖 2-133）

這時右腳慢慢拔地而起，右腿右腳順著左腳跟方向慢慢朝斜前方行進。在右腳尖距離右腳跟三到四公分時，再

順著左腳掌內側緩緩向前直線行進至超過左腳尖一個半腳掌的長度時，再橫向向右、向外行進。右腳右腿在向前以及橫向行進時，意念假借把阻擋在腿前的泥沙緩緩趟開。就在右腳剛剛離地一、二公分向前行進時，站立的左腿膝部同時配合慢慢彎曲，身體下坐，緩緩將頭部下沉到雙手掌下部。意念假借我們的雙手掌、雙臂要借用漂浮在水中木板的浮力，將身體下坐，頭部下降到雙手掌下面。在右腳右腿向前行進時，頭與右腳、左後胯與右腿膝部、頭與右手以及雙手掌，雙手臂內側等部位都似有彈簧上下前後斜面相爭。 運用精神假借，意念誘導，彷彿整個身體都與大樹擠靠為一體，並且感覺整個身體又都與外界產生爭力（只可用意，不可用力），以此來調節身體的下降。這時，右腳掌已緩緩走到丁八步位置。右腳掌前部輕輕踩地，右腳跟微虛離地，這時身體重心的分配為左三右七。（圖 2–134、135）

之後，左腳跟下踩、上站、前蹬，催動身體和頭部緩緩向右前上方行進。在左後腳下踩、上站、前蹬時，兩腿內側似有彈簧前後向內擠壓，隨著身體和頭部向前向上行進，前腳掌逐漸加大下踩的力度，在身體和頭部緩緩向前向上行進時，一定要意念假借我們的雙手掌、雙手臂彷彿借用漂浮的木板的浮力，將頭部順著右手掌方向鑽出水面。這時我們周身都要著意體會向前向上時擠動水的阻力感。頭與左後腳似有彈簧上下斜面相爭，雙手掌雙手臂下側似有與水中漂浮的木板有上下壓浮之意。這時，走右腳右腿的神龜出水試力已經完成。身體的重心分配在兩腿之間，即前六後四。雙手掌高度仍回到起勢時額頭部位。

圖 2-134

圖 2-135

（圖 2-136）

接著練習的是左式神龜出水試力。左式神龜出水試力其身體各部位運動的意念要求都與右式相同。以上是走步神龜出水試力的練習。（圖 2-137～140）

圖 2-136

10. 走步正劈試力

（1）走步正劈試力對身體姿勢的要求

身體成左式定步正劈試力基本姿勢站立，身體各部分的

圖 2-137

圖 2-138

圖 2-139

圖 2-140

意念要求與定步正劈試力完全相同，雙手高度在額頭部位。身體重心為前三後七。（圖2–141）

圖 2–141

（2）走步正劈試力的意念要求與練習方法

意念假借左前方彷彿有一棵參天大樹，我們的雙手臂下側，彷彿兩把鋒利的刀刃，似有把大樹豎著劈成兩半之意。這時，右手在緩緩向下劈時，右腳下踩、前蹬、上站，後足跟和右後腿向內裹轉，體會在泥水中裹轉時非常吃力的阻力感。右後腿在向內裹轉時，左前腳掌同時配合下踩、上站，腿部外旋，膝部前指，後腿和前腿似有內合之意。

由於後腿下踩、前蹬、上站、內合的力催動右胯和身體微微旋轉，彷彿身體在樹中有擰轉之意。由於身體向左、向前、微向上的旋轉，右手同時配合向左手前方的大樹緩緩劈下，彷彿整個手臂都用力把大樹慢慢劈開。右手在向下劈樹時，有向前指、向內合、向下劈的力。同時，左前手配合慢慢上提，肘微微外分，有微微向後的力。右手臂慢慢下劈到胸腹位置時，就不要再下劈了。這時，左前手已上提到高出頭頂10公分處即可。

在右後手下劈，左前手上提、外分、微向後時，兩手間似有彈簧上下斜面相爭。這時，右胯與身體向左旋轉時，身體向左前方斜面角度大約為 180 度，頭與前後腳似有彈簧上下斜面相爭，意念假借右後手臂彷彿把參天大樹從樹梢劈進劈透到樹根和泥土之中。這時身體的重心已變成前七後三。（圖 2–142）

這時開始練習右後腳向前行進的正劈試力了。雙手臂上提下劈的姿勢不變，右後腳開始平行地從泥土中慢慢拔起，緩緩向左腳後跟部斜前方趟行，意有把阻擋的泥水慢慢趟開。右腳尖在接近左腳後跟時，在順著左腳的內側直線向前趟去，大約超出左腳掌前一個腳掌長度就不要再趟了。站立的左腿意向前指，右腳右腿在向前行進時似有被後腿輕輕催動之意。隨即，右前腿橫著向外緩緩橫趟，意有把左腿與右腿內側橫著相繫的彈簧慢慢撕開之意。這時右前腳尖部已輕輕落在丁八步位置，身體的重心是左七右三。（圖 2–143）

圖 2–142

圖 2–143

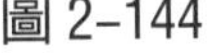
圖 2-144

圖 2-145

隨後，左腳掌下踩、前蹬、上站、向前、向內裹轉，左胯與身體向右旋轉，身體斜向右前約 180 度。這時頭與前腳和左後腳都似有彈簧微微上下斜面相爭，意念假借左後手臂下劈時，意有把參天大樹從樹梢劈到樹根下的泥土中，右前手臂同時配合上提、肘微外分、微向後時，兩手之間似有彈簧上下斜面相爭。至此，右腳在前，左腳在後的正劈試力第一步就完成了。（圖 2-144）

隨即，我們開始練習左後腳向前行進的正劈試力。左後腳向前行進的正劈試力與右腳向前的正劈試力動作相同，方向相反。意念要求完全相同。（圖 2-145、圖 2-146）

圖 2–146

圖 2–147

11. 走步側劈試力

（1）右走步側劈試力對身體姿勢的要求

身體成左式定步側劈試力基本姿勢站立，身體各部分的意念要求與定步側劈試力完全相同。身體重心為前三後七。（圖 2–147）

（2）走步側劈試力的意念要求與練習方法

調整好姿勢之後，在進行走步右手側劈試力時，頭向右微擰，後腳猛然下踩前蹬、上站。左腿向外旋轉，催動身體猛然向前。右前腿、前腳同時向前滑步約 40 公分時，腳掌踩地，足跟微虛。在右腳掌踩地瞬間，雙掌雙臂、輕輕外分。雙掌手臂向外分的動作、寬度，周身各部爭力要求，與丁八步右式側劈試力相同。右手掌根擊中目標的瞬

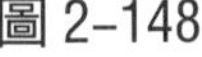
圖 2-148

圖 2-149

間，似有穿透、劈穿假借的目標，此時身體重心在右前腳掌上，一劈即止。後腳隨即向前以相等的距離跟步，呈丁八步站立。（圖2-148）

隨即，身體重心又回到後七前三。手臂姿勢又回到丁八步側劈試力的起勢。（圖 2-149）

左式走步側劈試力，與右式走步側劈試力的原則要領相同。

12. 走步環繞側劈試力

（1）走步環繞側劈試力對身體姿勢的要求

身體成左式定步環繞側劈試力基本姿勢站立，身體各部分的意念要求與定步環繞側劈試力完全相同。身體重心為前三後七。（圖 2-150）

圖 2-150

圖 2-151

（2）走步環繞側劈試力的意念要求與練習方法

從左腳在前，右手下劈姿勢起勢，雙手的手型姿勢不動，右後腳下踩、前蹬、上站，催動身體緩緩向前，有擠動泥水之意，這時右腳右腿已向前行進到右式的丁八步步法。在右前腳掌輕輕踩地的瞬間，身體重心為前七後三。（圖 2-151、圖 2-152）

隨即左後腳下踩、上站、前蹬，腿部向內擰裹旋轉，前腳掌同時配合下踩、上站，膝部意向前指，腿部向外旋轉，雙腿內側意有彈簧前後相爭，頭與後腳似有彈簧上下斜面相爭。由於兩腿的旋轉運動，身體向右旋轉成 180 度斜面，在雙腿和身體旋轉時，左後手要順著自己的鼻梁中線慢慢下劈，意有向前、向內、向下的旋轉，右後手臂微微向上向後旋轉，這時左手臂已劈到胸部以下、腹部以上

圖 2–152

圖 2–153

高度的位置，右手也同時上抬到頭部右上側一至二拳的高度，這時身體的重心已變成右七左三的位置。（圖 2–153）

隨即再練習左腳行進的劈右手臂的試力。左腳行進時，雙手的手型姿勢不動，左腳這時已經行進到左式丁八步時，身體重心仍然是左三右七，隨即慢慢將右手臂向前、向內、向下慢慢劈下，腿部、身體、雙手的意念要求和劈左手臂的意念要求一樣，以上是左腿在前右手臂下劈的向前走步的環繞側劈試力。（圖 2–154）

現在，以左腳左手在前為例，在左腳向後行進時，雙手的左手在下，右手在上的手形姿勢不變，這時左腳向後行進到右式的丁八步時，在左腳的前腳掌踩地的瞬間，右前腳掌慢慢下踩、回蹬、上站，腿部內旋，左後腳微微下踩上站，身體微微向後靠，左腿外旋，這時身體慢慢向右

圖 2–154

圖 2–155

旋轉，意有在樹中螺旋擰轉，有擠靠大樹之意。在身體向右旋轉時，右上手慢慢向前、向下、向內斜面側劈，左手臂同時配合向內、向下、向外旋轉，隨即向後、向上、向外上抬旋轉，意有左手與右手上下斜面似有彈簧相爭之意，這時右手已下劈到胸部以下腹部以上的位置，左手已上抬到左側頭部向上一至二拳的高度，這時身體的重心已變成了右六左四的位置，頭與右前腳、左胯與右腿前膝似有彈簧前後上下斜面相爭。（圖 2–155、圖 2–156）

隨後再練習右腳向後行進的環繞側劈試力了。在右腳向後行進時雙手的右手在下，左手在上的手型不變，在右後腳前掌向後行進到左式的丁八步步法時，在右腳掌踩地的瞬間，左前腳掌慢慢下踩、上站回蹬，腿部外旋，右後腳微微下踩、上站，身體微向後靠，右腿外旋，這時身體慢慢向左旋轉，意有在樹中螺旋轉體擠靠大樹之意，在身體向左旋

圖 2-156

圖 2-157

轉時，左手慢慢向前、向下、向內緩緩斜面側劈，右手臂同時配合向內、向下、向外上抬旋轉，意有右手和左手上下斜面似有彈簧相爭之意，這時左手已下劈到胸部以下、腹部以上的位置，右手臂已上抬到頭部上方一至二拳的高度，這時身體的重心分配為左六右四位置，頭與左前腳、右胯和左腿前膝仍保持有彈簧前後上下斜面相爭。（圖 2-157、圖 2-158）

圖 2-158

以上進步和退步的環繞側劈試力。開始練習時要慢做，體會身體在前進和後退時各部位的阻力感。

13. 走步綜合試力

上述的各種試力，在熟練掌握了其單個的技術要領之後，我們就要進行走步的綜合試力練習了。首先取丁八步步法站立，身體的重心分配為五五，以勾掛試力開始，走步時一定要注意步法行進時趟泥的阻力感，身體在空氣或在水中的阻力感。勾掛試力完成之後，可接偏掛，隨即旋法、扶按球、搖法、神龜出水等。

各種試力在練習中要隨意去做，不要片面追求單式練習時姿勢高低標準與否，而要隨機隨勢去練，但試力的原則原理絕對不可隨意改變。

不管是進步練習還是退步練習，手型的姿勢應逢高就高，逢底就低，步法、身法、手法與萬物似有相爭、互動之感，正確的試力練習，實在正確的求取渾圓力樁法原則下身體各部運動的放大，目的是為我們在技擊實戰之前，打下一個紮實的基本功底，以便在日後的技擊對抗中能充分發揮意拳的渾圓力，推斷結合，隨機隨勢，一觸即發。所以說，基本功訓練一定要與實戰相結合，而走步綜合試力正是這種訓練的基礎。

七、意拳試力練習應注意的幾個問題

(一)試力摸勁練習應先以一種試力爲主

在進行試力摸勁練習時應先以一種試力為主，熟練後再練其他。

意拳的試力訓練雖有平推、分掛、開合等各種不同形式，但其主要目的都是為培養渾圓力服務的。所以，在試力初級階段不可貪多，選擇一種試力進行練習，待練習熟練以後，再練習其他，這樣才能事半功倍。如果我們把全部試力學完後同時進行練習，則會因雜亂而不利於渾圓力的培養。

(二)試力之間的連接要沾連緊湊

我們站樁時在保持鬆緩、細微的原則前提下，神經肌肉鬆緊之間的轉換要突出沾連、纏綿、緊湊的特點；而在試力摸勁時，肢體的運行路線延長，同樣要保持這種狀態，切不可出現一個試力做完停下來，再做下一個試力的現象，也就是說兩個試力之間不可停頓，因為意拳推手實作時最突出的特點就是一旦粘住對方，抓住機會，就要以「揮浪捲朔風，大氣包寰宇」之勢，迅猛、連續地進攻，這種連續性便是神經肌肉鬆緊轉換頻率快與慢的問題。

所以，試力的摸勁在連續、緊湊、纏綿的動作中體現鬆緊轉換時周身極其微小的震顫，這種震顫的頻率越疾速，發出來勁力就越連續、迅猛、爆發。

（三）「從開展處求取，於緊湊處提高」

「從開展處求取，於緊湊處提高」是意拳試力摸勁的關鍵。所謂「從開展處求取」，即摸勁時姿勢要舒展，神意要開闊，這種姿勢間架體現在練習過程中對身體各部位的具體要求，更能有效地發現自身的不足；「於緊湊處提高」是在「開展處求取」的基礎上，我們對試力摸勁有了體認後，就要逐步將姿勢由舒展向緊湊過渡，以培養和掌握各種試力的細微精妙之處。因為動作越緊湊，就相對縮短了肢體運行的軌跡，使精神意識更能高度集中刺激神經肌肉，從而提高摸勁的品質。

其實，這個過程就如雕刻家手中的石頭一般，剛開始只是青石一塊，隨著工作的進展，要雕刻的東西逐漸顯露雛形，但這並非最終目的，那麼，我們則要進一步再將雛形精雕細刻，精益求精，最終一件精美的藝術品便會呈現在面前。

（四）試力摸勁時「軀幹」與「梢節」的關係

試力摸勁時雖要求意（力）達指梢，但我們卻不能因此而忽視肢體根部即軀體的練習，要清楚，指梢之意（力）的根源是軀體。如開合試力時，不僅要意念手、小臂、肘部有開合的阻力感，更要體會雙臂「根部」即肩部同樣有開合的阻力感。以此類推，可意念假設手臂開合時整個軀幹，以中線為界有被微微撕裂的開合之意。作扶按球試力下按練習時，不僅要意念兩手臂按著飄浮在水面上的空球，更要想胸腹部都和球沾連，下按時不僅是雙臂按

球，而是靠臂部往下坐，帶動手臂按球。

由此可見意拳試力的每一個動作都不只是梢節的運動，而是軀體催動梢節共同作用的結果，就如小孩玩的撥浪鼓一般，轉動時將兩個小錘甩動開來。所以意拳試力的原則應是「動一處牽全身，一動無不動」，但不能因此又忽視了梢節的作用，一定要注意梢節的練習。

正確的練法是將軀體與梢節連成整體，練習時不單是意注指梢，更要意注周身，意念周身在大氣中游泳，無處不被包容，周身亦如掛在風中的口袋，無處不被撐脹。總之，試力時軀體和梢節的相輔相成是很關鍵的，要以軀體為主，讓軀體去催動梢節，梢節配合軀體，才能更好地進行試力練習。

最後要特別說明的是：無論我們練習哪一種試力，都要注意前腿膝蓋和後胯之間要始終有相爭之意，只有這兩處相等，周身間架才能如一把撐起的傘一樣渾圓飽滿。

第三節 意拳摩擦步

一、意拳摩擦步概述

摩擦步是意拳的基礎步法訓練，它不是與地面的真正摩擦，而是在移動步子時，運用意念誘導，精神假借，使腳與地面距離很近但並不接觸的情況下與地面在意念中不

停地摩擦著前進或後退，並體會其中的勁力感，由此來培養腿部的渾圓力。摩擦步的訓練與試力的原則要領大致相同，故也可稱其為腳與腿的試力。

二、意拳摩擦步的基本要求

意拳摩擦步訓練時同樣要突出精神假借、意念誘導的引導作用，精神要高度集中，周身放鬆，呼吸自然。要繼續把握試力時自然、柔和、鬆緩、細微的摸勁原則，注意周身整體姿態的每一個原則性要求。

意拳摩擦步對身體的基本要求主要有以下幾點：

(一) 走步時要保持周身整體的中正安舒

我們在練習手臂的試力時，雖然是側重於雙手的各種變化，但這是在下肢及軀幹的催動配合下的各種變化，所以很容易體驗到「整」的感覺。

而在走步練習時，在腿和腳的緩慢運行中，上肢和軀幹基本沒什麼運行軌跡，這就很容易忽視上身的意念而影響整體勁力的培養，雖然走步時上身沒什麼運動，但它並沒有處於休息狀態，其雙手左右分開，如搭扶在兩邊的欄杆上，以保持身體的平衡，頭上領如有小線上提，頜微收，似夾小棉球，頭頂與前腳相爭。總之，其要求與站樁基本相同，要始終保持身體的中正。

(二) 兩腳並立為走摩擦步的起始狀態

在保證身體中正狀態下，無論前進或後退，運行的腳都要以兩腳並立狀態為起始點，因為只有在兩腳並立狀態

下，我們才能保證支撐腿的平穩與運行腿的靈便。同時以這一個點為中心，我們可以產生很多個方面的運動，既可前進，也可後退，可大步亦可小步。

(三)在以兩腳並立狀態起始時要注意支撐腿的關鍵作用

支撐腿是指支撐身體平衡和催動另一條腿運行的腿。走摩擦步時，身體最關鍵的部位就是支撐腿，它是身體運動的力源，如果沒有它的指揮和催動，那麼，另一條腿的運動只能是局部、片面的劃圈。

支撐腿的關鍵作用好比汽車後兩個連著發動機的輪子，只有它去驅動前兩個輪子，整個汽車才能運行起來。

(四)注意支撐腿的關鍵作用，突出運行腿的強點部位

所謂運行腿是相對支撐腿而言；所謂強點部位是指運行腿在運行過程中力量相對集中並突出的部位。走步時，運行腿的腳尖、膝蓋、胯這三處是它的強點。同時也不可忽視額頭的向前引領作用，也就是說，在支撐腿的催動下，向前走步時，要突出額頭、胯、膝蓋和腳尖的強點作用，讓它們去帶動周身整體的前進。

額頭、身體和腿在走步過程中配合是很緊湊的，雖然它們是整體同時的動，但在運行中的時間和距離的比例不同，由於摩擦步側重於腿的運動，故腿部三點動的要稍微快相對一些，幅度大一些；而輔助運動的額頭及上身卻要相應的慢一些，幅度小一些，總之，它們要相互配合，協

調共同完成動作。

(五)突出摩擦步的方向感，眼要盯住同一個目標

走步時，無論前進或後退，眼睛都要始終盯住一個目標，這就制約著身體，身體也不可有任何的偏倚。雖然在支撐腿催動下，運行腳在兩腳並立狀態下起始向前邁出約一腳距離時有向外側拔轉的動作，但上身和支撐腿都要保持中正穩定，不可有絲毫隨動之意，前進時，力量要始終前指，後退則反之，因為只有先確定了前後單一的方向，才能把握以後變步時的不同方向。

(六)走摩擦步和站樁結合，走步就是活動的樁

我們在站樁時，要求頭與前腳、後胯與膝蓋相爭，周身各處無不相爭。這種要求在走步時活動起來的情況下更要有充分的體現，無論前進或後退，頭與前腳的彈簧都被拉長，腳伸得越遠，彈簧被拉得越長；當腳收回時彈簧相應地被回縮，要始終保持頭和前腳的上下相爭，使身體挺拔起來。

三、意拳摩擦步的意念設置

意拳中的意念活動在整個訓練體系中猶如空氣一樣無處不在，即形體的每一個動作都是在意念指導下的有目的的運動，而非盲目的空舞亂動。

練習走步時，我們常採用腳踩圓木棍與地面緩緩摩擦

而行的意念。此意念的關鍵之處在於地面，如果把地面想像成光滑的，一馬平川式的，那麼就失去了「摩擦」二字的含義；因此，為了突出「摩擦」之意，不管真實的地面如何，我們都要將其想像成溝溝坎坎的樣子，腳踩木棍與地面摩擦時會有咯噔、咯噔的感覺，這種「咯噔」感就是我們在行進時神經肌肉鬆緊的轉換。

初始這種感覺可以平緩一些，即前進或後退都有一定節奏，隨著水準的不斷提高，我們就要打亂這種節奏，向前隨時要有向後的感覺，向後則反之，並隨時注意我們落腳的地面很危險，一不小心就會陷入萬丈深淵。所以，要隨時保持精神的高度警覺，並能隨時有效地控制腿腳的運行，想抬就抬，想落就落。

同時，也可設想腿部及上身都浸沒在黏稠的泥漿之中，每一動都要困難的將黏稠的泥漿拔動，隨著水準的提高，可逐漸增加泥漿的黏稠度，並設想腳如耕地的鐵犁一般插入地下的泥土之中，每走一步都將地面翻起道道犁溝，經常在這種意識之下，我們的腿部的神經就會變得非常靈敏。

其實，意念誘導的主要目的就是為了刺激神經系統，增強其靈敏性，以致更為有效地支配肌肉的工作，並且神經系統都具備一定的應激性，它的應激性好比一口鐘，輕敲它輕響，用力撞它就大聲響，給它什麼樣的刺激，它就回予什麼程度的應激。刺激越深、越細、越大，它的應激性也就越深、越細、越大。

無論是手臂的試力還是腿腳的試力，其原則都是相同的，同時手與腿在試力時也要相輔相成，最終互為一體，

成為周身的整體的試力。姚承光先生講：「意拳就是用意的整帶動力的整，最後是意力合一周身整體的整。」

四、練習意拳摩擦步的目的和意義

實戰時，雙方始終處於動盪之中，期間的距離也是變化無端，為了施以有效地攻防，則必須依靠步法的移動來隨時調整自己與對手之間的距離。「察未勢之機會，度己身之短長」，說明實戰中雙方距離控制的重要性，而距離的控制需要步法來調整。

怎樣調整？比如對方一腳踢過來，你想後退，如果退得近了，你被對方踢中；退得遠了，對方雖然踢不著你，但同時也增加了你反攻的時間與距離。所以，恰當的距離應是在退到對方起腳剛剛搆不著的地方，如能把握好這樣的距離，則需要非常好的步法。

所謂好的步法應是靈活，準確而富有彈性，能夠有效地控制實戰的主動權，為隨時隨地發力創造條件，所以攻防動作的實現，首先是從腳步動作開始，即步法的移動是一切動作的先導，而技擊步法的訓練，不同於一般生活中自然習慣的走、跑、竄、跳，也有異於體育運動中的跳躍或奔跑，它是一種技術性很強的專門的腳步動作。古拳諺中「寧傳十力，不傳一步」，「手到步也到，打人方為妙」就充分證實了這種特殊腳步動作——技擊步法在實戰中的重要地位。

五、意拳摩擦步功法精講

在正確的原則要領指導下，意拳摩擦步的技術練習可

分為四個階段即：（1）定步摩擦步；（2）走步摩擦步；（3）摩擦步大步練習；（4）無定式摩擦步。

（一）定步摩擦步

此為摩擦步入門之基，定步即原地站立的練習方法，其目的是為了使練習者適應這種方法為以後的走步練習打下基礎，並逐步提高其功力水準。

初習摩擦步可以從立正姿勢開始，首先凝神定意，兩眼注視前方一固定目標，以先行右腳為例，雙腿兩膝稍微彎曲，臀部似坐高凳，身體後部似有擠靠大樹之意，兩手左右分開手心向下，手指橫向前指，假借雙手扶在兩邊的欄杆上，只可用意不可真的用力去扶。（圖 3-1）

隨即開始向前邁出右腳，在提腳時，意念假借身體整體帶起後腳，腳跟平行將腳掌拔起大約離地 1 公分的高度，同時設想右腿膝部上面似有細繩微微上拽，將右腳從爛泥中拔起順著左腳掌內側緩緩向前行進，意念假借雙腿踩在爛泥中或站在沙灘裏，右腳掌底踩一圓木棍緩緩向前，這時要細心體會右腿及其膝部、腳尖把爛泥、沙土緩緩撥開之意，右腳掌下面要體會把圓木棍在不平的地面上困難的滾動，同時有左後腿催動右腿之意，這時右腳慢慢向前走到距左腳尖大約一腳距離，右腿膝部似直非直時，就不要再前

圖 3-1

圖 3-3

行了。（圖 3-2、圖 3-3）

這時右腿、右腳掌橫站向外側緩緩移動，意念假借把右腿右腳外側的爛泥橫著斜前方有撥開之意，右腳掌下面的圓木棍被踩著橫向滑動，頭與右腳似有上下相繫的彈簧上下斜面相爭之意。（圖 3-4）

這時右腳移動到丁八步位置後，開始緩緩向後行進，這時意念假借右腿將右腿後部，右腳跟後部的爛泥緩緩趟開，右腳掌下面踩著的木棍緩緩地在不平的地面上向後滾動。向後退時要細心體會右腿右腳把爛泥緩緩趟開，踢開的阻力感，體會腳踩木棍向後滾動的阻力感，細心體會頭與右腳掌上下相繫的彈簧上下相爭，這時身體仍然保持自然直立，左腿膝部彎曲，以利於身體的平穩。（圖 3-5）

這時右後腿向後退到前七後三的丁八步位置，右後腿要以右腳尖為首開始緩緩向左腳後跟部向前，向內斜前方行進，這時左腿要配合胯部，膝部腳掌意向前拔，似有後腿催動前腿之意，右腿在向前行進時要體會把爛泥趟開，

圖 3-4

圖 3-5

右腳掌踩的圓木棍在緩緩的向前滾動，這時右腿要突出前胯，膝部腳尖有前指之意，將右腿上下左右阻擋的爛泥整體的趟開，這時右腳緩緩地回到定式位置，右腿在向前行進時始終要注意與右腳上下相繫的彈簧有上下斜面相爭。（圖 3-6～11）

定步摩擦練習，實際上是右腿在原地畫一個圓圈的練

圖 3-6

圖 3-7

圖 3-8

圖 3-9

圖 3-10

圖 3-11

習，在原地旋轉時始終要體會腿部運動的阻力感，頭與腳掌上下相關的彈簧的相爭之意。無論怎樣運動都必須保持有阻力。隨著水準的提高，這種阻力要越來越強，但必須要用意不用力。同時左右腳須相互交換練習，特別是感覺薄弱的一面更應加強練習。

(二)走步摩擦步

走步摩擦步即行進間的摩擦步練習，相對定步來說它增加了技術上的難度，練習走步摩擦步要從技擊樁丁八步姿勢起始，兩手掌向下，手指相向指出，意念假借雙手、雙臂放鬆的搭在欄杆上，用意念來保侍身體的平衡，意念假借雙腿、雙腳踩在爛泥叢中，大腿以上的軀幹設想彷彿站在水中，左腳在前，右腳在後，泥水緩緩擠動。（圖 3–12）

這時右腳掌向前蹬地，配合身體緩緩向前移動，意念假借身體的上下、前後似真的有擠動爛泥之阻力感，走步時左腿膝關節彎曲，慢慢將身體重心移到左前腳上，重心為前七後三。（圖 3–13）

意念假借右腿膝部關節似有小繩上提之意，身體帶動右腿右腳緩緩從爛泥中平行拔起，離開地面約一、二公分。（圖 3–14）

右腿右腳向左腳後跟部斜前方緩緩進行，頭與右腳掌

圖 3–12

圖 3–13

圖 3-14

圖 3-15

圖 3-16

圖 3-17

上直相關的彈簧保持相爭之意。在向前行進時腿部的意念，要求與定步摩擦步行進時相同，右腿右腳順著右腳內側前方直行到大約超出左腳尖一個腳掌的長度，開始橫著向斜前方移動，意念和定步摩擦步相同。這時右腿右腳緩緩的行進到丁八步樁法前腳的位置，右前腳掌輕輕地踩地，後足跟微微離地，這時身體的重心仍是前三後七。（圖 3-15～17）

此時身體在向右腳前方移動，右腳掌再完全落實，落實後身體重心向前慢慢移動到右腿上，這時右腳掌開始向前蹬，右腿膝部關節彎曲，周身整體把左腿左腳慢慢從爛泥中拔起，整個腳掌平行的整體離地，其意念要求與右腳右腿行進時一樣，可以反覆的進行左右腳交替的向前行進練習。（圖 3-18～33）

圖 3-18

圖 3-19

圖 3-20

圖 3-21

圖 3-22

圖 3-23

圖 3-24

圖 3-25

圖 3-26

圖 3-27

圖 3-28

圖 3-29

圖 3-30

圖 3-31

圖 3-32

圖 3-33

以上的意拳摩擦步的基本練習方法，其動作要求可概括為四個字：提、蹬、扒、縮。「提」指提膝；「蹬」指腳下踩後蹬，即起腳時的動作；「扒」即落腳時五趾輕輕扒地；「縮」指腳心微含的意思。

(三)摩擦步大步練習

有了以上練習的基礎，再練下去則要求前腳往前行進，當膝關節將要伸直時，不要忙於落腳，而是用後腿身體的力量繼續催送前腿和前腳，使前腳在後腿和身體的催送下，向斜前方再滑動大約 15 公分左右。

這就是說每個步長要比基礎的步法練習長一段距離。當前腳落地時是腳尖先落地，前腳著地以後身體馬上要跟上去重心立即移到前腿上（左腿），右腳和右腿馬上也跟上來。落到與前腳（左腳）所站位置相等的地方。

這種練法為摩擦步的大式走步法，做這種摩擦步練習的時候，應配合大式樁。因為配合大式樁訓練習可增加腿部的穩定性力量。（圖 3–34～44）

圖 3–34

圖 3–35

圖 3–36

圖 3–37

圖 3–38

圖 3-39

圖 3-40

圖 3-41

圖 3-42

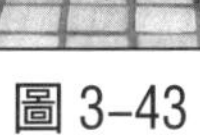
圖 3-43

圖 3-44

(四)無定式摩擦步練習

薌老在提及步法時曰：「有定位者，步也；無定位者，亦步也。如前足進，後足隨，前後自有定位；以前步做後步，以後步做前步，更以前步做後之前步，以後步做前之後步，前者自無定位矣。」

所以在定步、走步（包括大式走步）練習有了相當基礎後，進一步我們則要進行打亂程式無節奏的無定式練習。我們腳踩圓木棍在又去又回，又回又去的矛盾狀態下，試探著往前走去。

我們的步子或進或退，或整或半，或大或小，或勻速或加速，同時精神意識要保持高度警覺，走步過程中或將要落地的時候，突然腳掌觸及石子或磚塊，我們要敏銳地

體察出異樣感覺並能及時處理，將腳停住或收回（後退步亦然），要始終如臨深淵，如履薄冰一般，此目的是為了強化腳和腿在各種變化中仍能保持均整渾厚飽滿之力，並相機而動，隨勢而變，不讓對方察覺出自己的步法意圖和行步規律，以適應實戰的需要。

第四節 意拳發力

一、意拳發力概述

所謂發力是指拳術有效打擊力量的動力。意拳發力是指在精神高度集中時，在意念指揮下，將內在蓄而待發之勁力，透過訓練的手段和技巧在運動狀態下，瞬間從身體某一部位迅猛的爆發出來。它是站樁、試力、走步等各項基本功的綜合體現，假如基本功不紮實，要想發好力是不可能的。

所以，姚宗勳先生強調：「要系統地掌握意拳的訓練方法就要循序漸進，不可本末倒置。尚一求速，則會形成錯誤的動作定型，非但掌握不了正確的發力，而且會給繼續學習帶來很多麻煩，因為糾正錯誤的動作定型要比初學者更為困難。根據這個道理，在意拳訓練系統中，發力的教學與訓練是放在後面進行的，這一點必須提醒有志於意拳學習的同好們注意 。」

二、意拳發力的基本要求

意拳發力與日常生活中的習慣用力有所不同，與一般的體育運動項目的發力也有區別。它有自己獨特的內容和含義。意拳發力遵循自然鬆靈、均整協調、疾速爆發的原則。它總結了各家拳術發力之所長，並結合力量的生理學基礎，逐漸開闢了一套獨特的發力訓練體系。

意拳認為發力時要注意以下幾個方面。

(一)注意周身放鬆，但在精神假借意念誘導下神經肌肉始終處於高度激發狀態

「夫戰，勇氣也」，如果沒有大無畏的精神氣概，實戰時畏縮不前，再好的發力技術也是枉然。而精神激發的真實性則是發力的關鍵。如站技擊樁時要求自己進入臨蛇驚變之態，設想四周有毒蛇猛獸相侵襲，同時毛髮根根如戟，時刻準備與敵進行殊死搏鬥，發力時精神要高度激發，一旦與敵交手則如烈火燒身，雄雞相搏，力之所觸，山崩石裂。

(二)注意周身各部在發力瞬間相爭而產生的爭力

站樁、試力摸勁時的順力逆行是為了使自身的力量處於矛盾狀態，目的是為了培養自身的爭力。周身爭力越豐富，發出的力量就越大。周身爭力應以雖有前後、左右、上下之分，但主要還是以上下爭力為主。薌老曾曰：「鬆緊之樞紐在於上下，上下相引為周身互爭之法。」只有上

下相爭，前後、左右的勁力才能被撐起。

(三) 注意發力時後足蹬地的反作用力，此力是推動整體產生巨大慣性力的關鍵

意拳發力時的力量來源於後腳的腳掌內側。技擊樁摸勁時周身整體的每一動就是在後腳掌內側這一力點緩緩下踩前蹬去催動整體而動。

而在發力時，周身在放鬆狀態下瞬間一緊的整體之動也是源於後腳掌內側迅速地下踩前蹬。而此慣性力的大小取決於品質乘以速度的平方。

(四) 周身瞬間的振顫

注意發力時周身神經肌肉鬆緊互換的瞬間體內所產生的高速的振顫。其顫動的頻率愈快，產生的力量就愈迅猛爆發。薌老為之曰：「周身鼓蕩。」

三、 意拳發力的意念設置

意拳發力的意念要求在練習中假設大敵當前，「遇敵猶如火燒身」，自己要以大無畏的精神與之拼搏，共爭生存。周身毛髮要有出尋問路之感，時刻準備應敵。有了這種意境發力時才能全力以赴，一旦與敵交手則一觸即發，一發即止。

精神上要有力之所觸，石蹦山裂，當之即催之感。意念中的力量要放遠放大，要有力透敵背之意。意念是否真實是發力技術能否練好的關鍵。

四、意拳發力的內在原理解析

意拳所發之力乃是周身上下、左右、前後均整協調之渾圓力，又稱整體力。所謂「整」是相對「散」而言。「散」就是鬆的過度，是周身上下、左右、前後失去對稱和爭力，發力時表現為力量遲鈍，局部僵緊，周身不協調，意念不真實；而「整」是指發力時在真實意念誘導下，調動周身內外一切可以發揮的力量，均整協調，瞬間疾速的猛然一緊，愈緊周身就愈整，勁力就越飽滿渾厚，一緊之後應立即放鬆，以利再發。

薌老曾曰：「緊鬆鬆緊勿過正，虛實實虛互為根。」說的就是訓練中鬆緊的關係，鬆緊是構成人體運動的基本矛盾，就意拳全部訓練的內容來說，就是怎樣正確掌握和運用鬆緊的問題。意拳發力的核心最終訓練的就是神經肌肉鬆緊轉換的問題。故發力時應以鬆為體，以緊為用。鬆的時間長，緊是一瞬間，故鬆（而不懈）是蓄力過程，緊（而不僵）是發力的體現。從放鬆開始進而到鬆緊的相互轉換，組成了整個發力過程。鬆緊轉換的頻率越快，說明神經系統的靈敏性愈強，就能更好地指揮肌肉均整協調的工作，從而保證發力的品質。

很多人都被薌老瞬間抖人丈外的神奇力量所折服，但這種力量不是一蹴可幾的，而是經過各種基本功訓練時不斷摸索而逐漸積累起來的。所以說，高品質的意拳發力過程雖然只是一瞬間，但在這極其短暫的緊的瞬間卻包含了形體運動的多種力量，如整體的爭力、肢體旋轉的螺旋力、肢體曲折之三角力、骨骼支撐之槓桿力及外形間架構

成的斜面、曲折等等。

發力是意拳各項基本功的綜合體現，不經過基本功的訓練而直接練習發力，無疑是本末倒置。所以在練習過程中，既不能標新立異，也不能妄自菲薄，只要堅持下去，終會得其要領。

五、蓄力和發力

發力的具體過程包括蓄力和發力兩部分。

所謂蓄力是指在力量未發之前的一種積極準備蓄而待發狀態。蓄力時要求精神高度集中，要將周身各部的爭力建立起來，意識灌注周身，而周身的意力要似鬆非鬆，鬆緊適度。過鬆則力懈，而無力可發，過緊則力僵，而成駑鈍之力。

發力時要求繼續保持精神高度集中狀態，在意識誘導下，將內在蓄而待發之力，由訓練的手段和技巧，在運動的狀態下，瞬間從身體某一部位迅猛地爆發出來。

六、意拳發力的表現形式

意拳發力的表現形式有兩種：

一是打：指在最近的距離和最短的時間裏，迅速而集中地把全部力量發放到對方身體某一部分。其特點是透力強大，但催動對方重心力小。表現為對方移動情況不明顯，但承受的打擊力卻很大；二是發：指在打擊過程中，接觸對方身體時加大了動作的幅度，延長了工作距離和時間，增大了與對方身體接觸的面積。其特點是催動對方重心力大，而承受的打擊力卻相對減小。

七、練不好意拳發力的主要原因

(一)發力時形不成精神高度激發狀態

在前面我們講過，力量的產生同精神假借、意念誘導的真實性有極大的關係。而其真實性則是精神高度激發的基礎。意念不真實，神經系統得不到相應的刺激，又何談高度激發呢？

我們可以想像兩隻狗在互咬相搏之前，其目不轉睛地盯著對方，說明其精神高度集中；脖頸的毛髮根根豎起，說明其精神已被高度激發；而其發出的低而沉悶地怒吼聲，充分說明其完全處於一種蓄勁待發的臨敵狀態。而一旦真正咬起來，那才是風馳電掣，置死地而後生。這就給了我們很好的啟示：之所以發不好力，根本原因在於精神意識沒有被高度激發，內在力量沒有被充分調動。

(二)發力時周身的僵緊不協調

姚承光先生反覆強調：發力的前提是周身的放鬆，越鬆就越緊（鬆緊的辯證關係請參考本章上述），而這種鬆的前提就是精神要高度集中。然而錯誤的是，有些人在精神高度集中與激發時，肌肉也跟著緊張起來。同時，下肢擰轉蹬地動作沒有被充分利用，上下肢脫節，這就導致動作的僵硬、不協調。

(三) 發力時要有加速度

發力時雖然動作勁力均整協調，但發力過程中作用力

時間太長，沒有形成加速度，表現出來的是推拉之力而不是驟然之爆發力，故毫無威力可言。

八、練習意拳發力時應注意的問題

1. 發力時精神一定要專注而集中，意念要放遠放大，要有「大氣包寰宇，揮浪捲朔風」之概。要追求意念的真實性，以誘導周身神經高度激發。

2. 周身要似鬆非鬆，鬆緊適度。

3. 時頭要上領，充分利用上下之爭力。

4. 力瞬間要注意後腳掌下踩後蹬，充分利用蹬地的反作用力去催動整體。拗步發力時要充分利用身體及下肢的擰轉擠合之力，做到上下肢協調一致。

5. 在發力的瞬間，後胯要往後下靠，髖骨前指，前腳猛然往地下一踩，好像能踩到地裏去一樣。發力瞬間一踩即止，不許延長。此時身體中心為前七後三，但要很快就返回發力之前的狀態，以利再發。

6. 身體發力部位在接觸被發目標時，要設想如碰在燒紅的烙鐵上，要求一觸即發，一發即止，保證收與發的速度。

7. 根據力學原理：在作用力距離不變的情況下，作用力與作用力時間的平方成反比，也就是說作用力時間增加一倍，作用力反而要減少二倍。故速度就是力量，發力時一定要迅猛疾速，但又不失均整連續。

九、意拳發力的訓練程式

發力的練習程式可分為以下幾步：

(一)定步發力

定步發力是指身體下肢在不產生位移的情況下進行的發力練習。包括定步向前、向後下及左右的發力。定步發力是一切發力的基礎，練習時要注意各種要領，如周身放鬆，意念放遠放大及周身各部的相爭之意。

例如，進行下壓發力時，其關鍵在於身體後靠下坐時臀部及大腿的肌肉猛然下砸。下砸的同時，後腳掌如踩在彈簧上一般，要想像臀部的肌肉將地面上的樹樁砸入地下，利用臀部下砸的力量來帶動手臂的下壓發力。

(二)活步發力

活步發力是指身體在下肢產生位移的狀態下進行的發力練習。主要包括：活步向前、向後下及左右的發力。

活步發力在定步發力的基礎上各突出了發力的靈活性，它是摩擦步與定步發力的有機結合，我們在練習摩擦步時的主要目的就是增強腿部神經的敏感性，在實戰中利用靈活的步法來時刻調整敵我雙方的距離，以利於攻防技術的有效實施。

因此，好的步法應是靈活自如，沒有固定的順序，往往成敗之機就在進半步或退半步之間。練習活步發力就是在這個原則上進行的。

進行中一定要注意保持渾圓力，即上下、左右、前後的勁力達到均整平衡的狀態，自身要不偏不倚，時刻高度警覺地判斷敵我之間的距離，使之逐漸的接近實戰。

(三) 隨勢發力

當活步發力有了相當基礎之後，就要進行隨機隨勢的發力了，即自身的發力點不固定，「周身無處不彈簧」，碰哪兒哪兒就發力。所發之力能快能慢，經過的路能長能短，動作能大能小，體位能正能斜，即在不同情況下都能發出整體力，並結合「遇敵猶如火燒身」的精神狀態，全力以赴。但這還不能說完全掌握了意拳的發力技術，最關鍵之處，是要經過推手、散手等實戰檢驗，不斷在實戰中總結、鞏固、提高自己的發力技術。

十、意拳發力功法精講

(一)意拳定步發力

1. 定步向前發力

(1) 定步向前發力對身體姿勢的要求

定步向前發力是意拳的最基本的發力。其站立的步法、手形、與左式定步平推試力的起勢相同。身體重心前三後七。(圖 4-1)

圖 4-1

(2) 定步向前發力的意念要求

意念假借前方似有大塊燒

紅的熱鐵。向前發力時，左後腳猛然下踩前蹬，催動身體、頭部向前撞擊，前腿膝部力向前指，前腳掌猛然下踩，似把腳掌踩入地裏。在發力的瞬間，兩腿內側，猛然向內擠合，頭與左腳似有彈簧上下斜面相爭，後胯與前膝，似有彈簧前後、上下相爭。雙手、雙臂同時配合，向前、向上弧線上提，突出兩掌根部，掌高肘低，猛然發力。似有穿透、撞飛紅鐵之意。雙手向前發力時，雙臂內側似有外分，內裹。此時，身體重心為前七後三。（圖4–2）

一發即止，一緊即鬆，手形的姿勢和身體重心仍回到後七前三的起勢位置。（圖 4–3）

在練習向前發力的時候，也可以意念假借全身各部彷彿都沾滿了泥沙或水珠。在向前發力的瞬間，猛然地把泥沙或水珠全部拋飛。

圖 4–2

圖 4–3

總之，發力的意念假借是多種多樣的，練習時不可拘泥，只要能不違背「發力全憑後足蹬」和周身各部相爭的發力原理，發力的意念可以靈活運用。左式的發力與右式發力原則要領相同。

圖 4–4

2. 定步扶按球發力

（1）定步扶按球發力對身體姿勢的要求

站立的步法、手形，與左式定步扶按球試力下壓按球時的起勢相同。周身各部的意念活動相同。（圖 4–4）

（2）定步扶按球發力的意念要求

站好之後，我們意念假借自己身如巨人，在雙手臂下面扶按著一個很大的鐵球。我們雙臂要把這個大的鐵球猛然下按到地裏。

首先站立的左後腿猛然下踩，右前腳掌五趾猛然扒地，兩腿之間內側相繫的彈簧猛然前後、左右有拉斷之意。意念假借兩腿內側、襠部、臀部同時配合猛然下坐，彷彿一下就把大樹墩坐進了土地裏。由於後腿的猛然下坐微靠，身體也同時配合下坐微靠，雙手臂也要配合身體把巨大鐵球一下拍進地裏。

向下發力時，雙手要以掌根為主，配合雙肘、雙臂根部為輔，在發力的瞬間，有向下、向外微分、微微有回拉

圖 4–5

圖 4–6

的力，但要以向下的力為主，外分、回拉的力為輔。在發力的瞬間，意念假借雙手五指斜前上方上下相繫的彈簧，雙手腕部上下相繫的彈簧猛然間喀嚓拉斷。在向下發力時，身體的重心為前三後七，發立的瞬間，雙手臂的高度在胸部和腹部之間的位置。一發即止，一止即鬆，隨即就可以反覆練習扶按球的發力了。（圖 4–5、圖 4–6）

3. 定步勾掛發力

（1）定步勾掛發力對身體姿勢的要求

站立的步法、手形，與左式定步勾掛試力的起勢相同。周身各部的意念活動相同。（圖 4–7）

（2）定步勾掛發力的意念要求

向後發力時，左後腿彎曲，臀部猛然下坐，似把支撐

圖 4–7

圖 4–8

臀部的樹墩砸坐入地。右腳五趾扒地，前後腿內側似有彈簧相爭。雙手同時配合回拉，要突出雙手的腕部、肘部外分、回拉，猛然上提。意念假借，雙手回拉時，把十指、腕部相繫的彈簧猛然拉斷。頭與前腳，後胯與前膝似有彈簧上下斜面相爭，身體後部似有靠樹之意。雙手拉回到離胸尺許遠，此時身體重心為後七前三，一發即止。步法、手法、與左式定步勾掛試力起勢相同。身體重心為五五位置。（圖 4–8、圖 4–9）

4. 定步分掛發力

（1）定步分掛發力對身體姿勢的要求

站立的步法、手形，與左式定步勾掛試力的起勢相同。周身各部的意念活動相同。（圖 4–10）

圖 4-9

圖 4-10

（2）定步分掛發力的意念要求

向後發力時，左後腿彎曲，臀部猛然下坐，似把支撐臀部的樹墩砸坐入地。右腳五趾扒地，前後腿內側有彈簧相爭。頭與前腳，後胯與前膝似有彈簧上下斜面相爭。身體後部似有擠樹之意。

由於身體向後的坐靠，帶動了雙手，雙臂猛然回拉，右前手有回拉、外分，上提，在回拉時強調肘部外分，左前手大拇指和腕部外側似掛彈簧向外、向上、回拉，右後手同時猛然向後、向外。

肘部向下似有撕物之感。似把雙臂內側間相繫的彈簧猛然左右撕開，這時雙手已回拉到離胸尺許遠。此時身體重心為後七前三，一發即止。步法、手形，與左式定步分掛試力的起勢相同。身體重心為五五位置。（圖 4-11、圖

圖 4-11

圖 4-12

4-12）

5. 定步旋法發力

（1）定步旋法發力對身體姿勢的要求

站立的步法、手形、與左式定步旋法試力的起勢相同，周身各部的意念活動相同。（圖 4-13）

圖 4-13

（2）定步旋法發力的意念要求

向左後下發力時，左後腿彎曲，臀部猛然下坐，似把支

圖 4-14　　　　圖 4-15

撐臀部的樹墩砸坐入地。右腳五趾扒地，頭與前腳，後胯與前膝，前後腿內側似有彈簧猛然上下斜面相爭。由於後腿、身體向左後下方的運動，雙手五指似把相繫的彈簧猛然拉斷。雙手、雙臂同時配合把扶按的鐵球猛然向右後回拉。似把扶按的鐵球猛然從身體的右後外側甩出，回拉時，身體重心為後七前三。

一拉即止，步法、手形與左式定步旋法試力的起勢相同。身體重心為五五位置。左式的發力與左式原則要領相同。（圖 4-14、圖 4-15）

6. 定步後下發力

（1）定步後下發力對身體姿勢的要求

站立為右式丁八步，身體的重心為五五位置。（圖 4-

圖 4–16

圖 4–17

16）

（2）定步後下發力的意念要求

將雙手上舉，呈半握拳狀，拳心相對，高度大約在額頭頂部，兩手相距二至三拳；兩肘微分，雙臂內側似有抱樹之意。意念假借；前方高大的樹幹上繫一大的滑輪，垂直下吊一大鐵球，雙拳似各拉一根繫在滑輪上的鋼絲繩。向後下發力時，意念假借，利用後腿的下坐，把臀部下面，兩腿內側支撐的大樹墩猛然砸坐入地。在後腿猛然下坐發力時，右前腳五指微微扒地，前、後腿內側似把彈簧猛然撕斷，身體同時配合猛然下坐微靠，似有撞動大樹之意。此時身體重心為後七前三，一發即止。身體重心為五五位置。左右式可交替練習。（圖 4–17、圖 4–18）

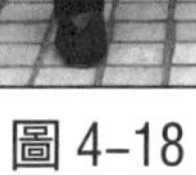
圖 4–18

圖 4–19

7. 定步正劈發力

（1）定步正劈發力對身體姿勢的要求

站立的步法、手形，與右式定步正劈試力的起勢相同。周身各部的意念活動相同。（圖 4–19）

（2）定步正劈發力的意念要求

發力時，左後腳猛然下踩、前蹬、上站，腿向內擰裹，催動身體向左擰轉，右前腳掌同時配合下踩上站，腿部外旋，膝部前指，後腿與前腿似有擠合之意。

由於身體向右、向前、向上的轉體，左手同時向左手前方的大樹快速劈下，彷彿整個手臂如刀刃般把大樹劈開，左手向下劈樹時，有前指、內合、下劈之意。左前手同時配合快速上提，肘部外分，手掌向後，左手下劈到胸部偏下的位置即止。這時左手已提到頭部上 10 公分處。左

圖 4-20

手下劈時，兩手之間、頭與雙腿似有彈簧上下斜面相爭，身體向右前方轉體時，似有在樹中擰轉之意。左手下劈時，有劈透大樹入地之意。這時身體的重心已成前七後三。（圖 4-20）

隨即，再做右手下劈的發力，首先，右前腳下踩、回蹬、上站，腿向內微擰，催動身體和左腿向後外旋轉，左腿猛然下坐，身體向後微靠。隨即，左腳掌下踩、上站、前蹬，頭與前腳，後胯與前膝以及兩腿之間都似有彈簧猛然上下斜面相爭，身體似在樹中向左向外轉體。雙腿和身體的向後向外轉體，帶動右手臂快速下劈，有向前、向下、向內的力，左手臂同時配合上提、外分、向後的力，在右手臂下劈時，意念假借把雙手內側相繫的彈簧上下斜面拉斷，意把大樹劈為兩半，手臂劈入地中，右手臂下劈至胸部偏下位置，左手已上提至超過頭頂約 10 公分即止，身體重心為前六後四。一緊即鬆，身體重心又回到後七前三。呈正劈試力起勢。左式的練習與右式相同。（圖 4-21）

8. 定步側劈發力

（1）定步側劈發力對身體姿勢的要求

站立的步法、手形，與右式定步側劈試力的起勢相

圖 4-21

圖 4-22

同，周身各部的意念活動相同。（圖 4-22）

（2）定步側劈發力的意念要求

發力時，左後腳猛然下踩、上站、左腿向外旋轉，右前腳下踩、上站，膝部前指，右腿向外微旋，由於兩腳下踩、上站、外旋的力量，身體向上挺拔，眼睛始終要盯住前手掌根部外側的打擊目標，這時，雙手向外猛然分開約50～60 公分即止，意念假借把雙手五指、腕部、肘部、手臂內側相繫的彈簧猛然拉斷。雙手掌根、雙臂外側，似把假借的目標劈穿、劈透。

在雙手向外側劈時，頭與雙腳、後胯與前膝、雙腿內側都似有彈簧前後橫向相爭。這時身體的重心為五五位置，一劈即止，重心仍回到後七前三的起勢。左式的練習與右式相同。（圖 4-23、圖 4-24）

圖 4–23

圖 4–24

9. 定步雙臂環繞側劈發力

（1）定步雙臂環繞側劈發力對身體姿勢的要求

站立的步法、手形，與右式定步雙臂環繞劈試力的起勢相同，周身各部的意念活動相同。（圖 4–25）

（2）定步雙臂環繞側劈發力的意念要求

首先，進行左後手側劈發力。左腳猛然下踩、上站、前蹬，右腿向內擰裹，催動身體的胯部、腰部、肩部向前、向內、向右擰轉。前腳掌同時下踩、上站，膝部前指，前腿向外微轉，兩腿內側似有彈簧向內擠合。在右左腿下踩、上站、前蹬向內擰裹的同時，左手臂向下、向內、向前、旋轉，用掌根、手臂下側猛然斜面向大樹劈去，似有劈透入地之意。

在左手旋轉的同時，右手向內、向下、向右後上方回

圖 4-25

圖 4-26

拉至頭部右側上方。左手猛然下劈時，雙手、雙臂之間，似把彈簧上下斜面拉斷，此時身體重心已呈前七後三。身體向右轉體時，有在樹中向右、向前、向上擰轉。頭與後腳、前腳似有彈簧上下斜面相爭。（圖 4-26）

隨即練習右手環繞側劈發力。首先，前腳猛然下踩、回蹬、後腿下坐，身體向左後轉體、催動身體及雙腿的後部，向後似有擠靠大樹的阻力。頭與前腳、後胯與前膝、兩腿內側都似有彈簧前後相爭，身體似在樹中有擰轉之意。在身體重心後靠至五、五時，後腳猛然下踩、上站、前蹬，後腿向左的擰轉。頭與前腳、後胯與前膝似有彈簧上下斜面相爭。右上手下劈時，雙手的動作變化、意念假借，與左手下劈時相同。劈完時，身體重心為前六後四。一緊即鬆，身體重心、手形姿勢、仍回到定步雙臂環繞側

圖 4–27

圖 4–28

劈試力的起勢位置。左式的發力與右式發力的原則要領相同。（圖 4–27）

10. 定步頭發力

（1）定步頭發力對身體姿勢的要求

站立為定式丁八步，右腳右拳在前，站立姿勢為渾圓樁的基本間架，身體重心為前三後七。這時雙眼順左腳尖方向，身體呈 45 度斜面，然後開始練習。（圖 4–28）

（2）定步頭發力的意念要求

首先意念假借前方站著一名假想敵，我要用頭部發力，把對方的頭部、面部撞透撞碎。發力時右後腳猛然下踩前蹬，發力時腳部腿部的動作，身體撞擊時的意念要求都與定步向前發力相同。就在左前腳掌猛然踩地發力的瞬間，意念

圖 4–29

圖 4–30

要把對方的頭部、面部撞透撞碎。此時身體的重心為前七後三，從胸部到腹部，身體前傾為 45 度，一發即止。隨後身體重心仍回到渾圓樁的基本間架。（圖 4–29、圖 4–30）

11. 定步肘擊發力

（1）定步肘擊發力對身體姿勢的要求

站立的步法為丁八步，兩足重心為前三後七或前四後六，與渾圓樁姿勢基本相同。（圖 4–31）

（2）定步肘擊發力的意念要求

練習定步肘擊發力時，意念假設前方是一塊燒紅的烙鐵。在肘擊燒紅的烙鐵時，瞬間猛然發力，後腳猛然下踩、上站、前蹬，後腿外旋，後腳跟微微離地，後胯及腰部、背部、肩部同時向後、向左旋轉，這時利用身體旋轉

圖 4-31

圖 4-32

的慣性力量，前腳尖猛然下踩、上站，前腿部內旋，膝關節處意向前指，這時前腿膝部只可微微彎曲而不要過於晃動。發力時，雙拳要猛然握緊，由於身體右肩猛然向左的旋轉，帶動右前拳向左，微微前指，向左肩後部猛然發力。由於右前拳向左，微微前指，向左肩後側部發力，突出了右手臂肘尖部位置向前。

這時要意念假借在擊中目標的一瞬間，應該即有穿透烙鐵又不能燙傷肘部之意。在發力的瞬間，左後拳與前拳、手臂內側、兩肘之間相爭的彈簧猛然全部拉斷，力量要脆，速度要快。也可意念假借右手肘部似一大的鐵釘，自己的身體似一大的鐵錘，在發力的一瞬間，用身體的右肩部位猛然撞擊右肘，好像要撞進堅硬的牆壁裏。

發力時後腿的外旋，胯、腰、背、肩部的旋轉應是 90

圖 4–33

圖 4–34

度側面，在右前肘尖部位擊打目標時，後拳與前肘之間相繫的彈簧要猛然全部拉斷，後手在回拉時仍要注意保護好自己的嘴、下顎和胸部位置。在發力的瞬間，身體的重心是前三後七，一緊即鬆，隨即身體又回到起勢位置，整個發力的過程完全是用身體整體撞擊前肘的發力去擊穿擊透目標。（圖 4–32、圖 4–33）

12. 定步肩發力

（1）定步肩發力對身體姿勢的要求

以左式丁八步站立，右腳在前，身體的重心為前四後六，雙眼順著左前腳尖方向向前平視。（圖 4–34）

（2）定步肩發力的意念要求

意念假借前方似有一假想敵。我要用自己的肩部向前

圖 4-35

圖 4-36

下方發力，撞透撞碎敵人胸部。發力時，右後腳下踩、前蹬，右前腳掌猛然踩地，意有把腳掌踩進地裏之意，同時後腿與前腿內側似把相爭的彈簧擠合，催動身體猛然向前撞擊發力，並由 45 度斜面轉為 90 度斜面。撞擊時要用右肩部的骨棱部微微向下撞擊發力，要有撞透撞碎之意。

肩發力時，頭部偏向左側同時配合發力，要用周身整體之力撞擊。發力時身體重心是右前腳七，左後腳三。一發即止，身體重心仍回到起勢時的姿勢。隨即按照此要求，左右可交替練習。（圖 4-35、圖 4-36）

13. 定步膝發力

（1）定步膝發力對身體姿勢的要求

站立為左式丁八步，身體呈渾圓樁的基本間架，身體

重心為前三後七。（圖 4–37）

（2）定步膝發力的意念要求

首先右後腳猛然下踩、上站、前蹬，催動身體猛然向前，身體的重心瞬間變為前三後七，左前腳為七，右後腳為三。左前腿膝部猛然彎曲，腳掌踩實。猛然下踩、上站、前蹬，催動身體微微向前，並帶動右後腿猛然抬起，腿部彎曲，膝部緊貼著左腿內側，向前、向上猛然撞擊發力，意有撞穿撞透碎假象敵胸部、腹部之意。右後腿後腳在抬離地面時，在發力的過程中，右後腳掌朝後，腳踝部繃緊，右腳五趾朝下，雙腿之間似有彈簧猛然擠合。在右膝發力的瞬間，頭與左前腳似有彈簧猛然的上下相爭，身體似與參天大樹合為一個整體，周身平衡，雙拳雙臂之間似有彈簧猛然前後斜面相爭。

圖 4–37

發力時身體重心完全放在左前腳掌上，一發即止。右腳右腿落地，呈左式丁八步，身體重心仍回到前三後七，保持姿勢為渾圓樁的基本間架。（圖 4–38、圖 4–39）

14. 定步點腳發力

（1）定步點腳發力對身體姿勢的要求

站立為左式丁八步，身體呈渾圓樁的基本間架，身體

圖 4–38

圖 4–39

重心為前三後七。（圖 4–40）

（2）定步點腳發力的意念要求

凝神定意，兩眼注視前方一假想敵。開始練習右腳發力，雙腿兩膝稍微彎曲，臀部似坐一高凳，身體後部似有與樹微微擠靠之意，兩手左右分開，手心向下，手指橫向前指。意念假借雙手雙臂似有扶按兩邊的欄杆或桌面，儘量用意念使雙手雙臂放鬆下來，只可用意，不可用力。

圖 4–40

姿勢站好後，開始輕輕抬起右腳，離地大約 2、3 公分。左腳獨立站立，意念假借頭與左腳、頭與右腳掌尖部、兩腿內側都似有彈簧微微相爭。在身體的正前方，有一個假想敵，隨時要襲擊我們。雙方相距 50～60 公分左右。這時我們首先用右腳攻擊對方的左腳踝關節處。

發力前右腳五趾下拔微縮，獨立的左腳掌猛然下踩、上站、前蹬，催動身體猛然整體向前，頭與左腳似有彈簧猛然上下斜面相爭。就在左腳掌猛然踩地前蹬，催動身體向前撞擊的瞬間，右腳同時配合左腳蹬地的瞬間，猛然前踢，用腳掌的五趾前部點擊對方的腳踝，意有穿透，擊碎之意。右腳發力時，頭與右腳上下相繫的彈簧及兩腿內側橫向相爭的彈簧都有被猛然拉斷之意。右腳在點踢對方發力的瞬間，頭頸後部，後腰後背似有猛然擠撞身後參天大樹之意。一發即止。

右腳仍回到起勢時的姿勢。隨即按照此要求，左右腳可交替練習。（圖 4–41、圖 4–42）

圖 4–41

15. 定步側踢發力

（1）定步側踢發力對身體姿勢的要求

站立為右式丁八步，右腳右拳在前，站立姿勢為渾圓樁的基本間架，身體重心為前三後七。（圖 4–43）

圖 4-42

圖 4-43

（2）定步側踢發力的意念要求

姿勢站好後，慢慢將右前腳抬起，腳踝關節處回勾，似有夾球之意。前腿膝部微屈，儘量上抬至胸部高度，身體的重心完全落在左腳掌上。左腿膝部彎曲，臀部下坐，身體呈 90度斜面，微向後靠。右腳掌朝下，腳趾向右，用右腳掌外側直對前方。

這時意念假借頭與前腳似有彈簧前後斜面相爭，左後胯與右膝似有彈簧上下斜面相爭，兩拳之間，手臂內側之間似有彈簧前後、左右相爭。臀部有似坐高蹬之意。身後似有與大樹擠靠為一體之感。（圖 4-44）

姿勢和意念調整好後，開始練習。首先左後腳猛然下踩、前蹬，微微上站，催動身體猛然向前，腰、肩頭部猛然微向後靠，右前腳猛然斜向上前方踢出，用右前腳的外

緣向前、向上、微微下踏，擊透假想的目標。意想踢透對方的肋部。右腳發力時，意念假借頭與前腳上下斜面相繫的彈簧被猛然拉斷，前後腿內側相繫的彈簧也同時被猛然拉斷。一發即止，身體重心，手形姿勢仍回到起勢時的姿勢，右式的發力與左式發力原則要領相同。（圖 4–45、圖 4–46）

圖 4–44

圖 4–45

圖 4-46

圖 4-47

16. 定步蹬踏發力

（1）定步蹬踏發力對身體姿勢的要求

站立的姿勢同獨立樁相同。（可參考技擊樁一章的獨立樁講解）（圖 4-47）

（2）定步蹬踏發力的意念要求

意念假借我們身如巨人，懷抱一棵參天大樹，身體與大樹融為一體。臀部似坐在樹幹上。大腿、小腿、後腰、背、頸部似與大樹融為一體。站立時應感覺到非常的平穩。頭與左腳、頭與抬起的右腳踝部都似有彈簧上下斜面相爭，右腳掌底部似踩著一根粗大的彈簧，左胯與右前膝似有彈簧左右前後微微相爭。意念假借調整好後，開始練習左腳的蹬踏發力。

圖 4-48

圖 4-49

首先左腳下踩，微向前蹬、上站，催動身體微微向前，向上。身體猛然微向後靠，似有擠靠大樹的相爭之力。這時右腳右腿猛然向下，微向前蹬，微向內擠合，用右腳掌橫向的內掌緣部，似有蹬踏對手的前腿膝部及膝部以下的迎面骨，要有蹬斷踏碎對手的前腿之意。

右腳右腿發力時，頭與左腳似把上下相繫的彈簧猛然拉斷，頭與右腳踝部上下斜面相爭的彈簧猛然拉斷，右腳掌在蹬踏時，意有把腳掌下粗大的 彈簧猛然踩進地裏之意。左後胯也同時配合把右前腿膝部前後、左右相繫的彈簧猛然的拉斷。右腳在向下向前蹬踏發力時，腳掌不要踩地，大約離地 10 公分左右。一發即止，身體重心，手形姿勢仍回到起勢時的姿勢，右式的發力與左式發力原則要領相同。（圖 4-48、圖 4-49）

（二）意拳走步發力

在意拳定步發力訓練有了相當基礎之後，我們就要結合步法進行走步的發力訓練了。從實戰的角度來講，走步發力訓練更能有效的培養靈活多變的身法、步法及實戰時一觸即發的綜合感應，是意拳實戰訓練必不可少的有效方法。

1. 走步向前發力

練習定步向前發力有了一定的基礎之後，就要進一步配合步法練習走步的向前發力了。

首先，後腳猛然下踩前蹬，前腿要放鬆。由於後腳的猛然下踩前蹬的力量催動了身體和前腿的猛然向前的撞擊。前腳掌在落地時，猛然向下踩地，意念假借好像要把前腳掌猛然踩進地裏一樣。發力時，前腿髕骨力向前指，前腿膝部始終保持微屈狀，前腳掌踩地時，前腳後跟始終保持微微離地，後腳向前向下蹬地。向前發力時，身體前進大約 30～40 公分的距離。此時在後腳向前催動的瞬間，前腿前腳也同時向前猛進 30～40 公分的距離。在前腳掌猛然踩地發力的瞬間，整個身體同時配合向前猛然撞擊，意念假借我們的身體彷彿是一把大鐵錘，雙手、雙臂、雙肘好像大的鐵釘。我們要用整個身體猛然去撞擊鐵釘，同時配合肩部、頭部向前向上撞擊。

向前發力時，在雙手達到目標的瞬間，雙臂要同時配合雙肘、雙臂內側有外分內裹向前向上的外螺旋力，意念假借好像要將纏繞在雙手臂的繩索左右分擰喀嚓繃斷之意，發力時雙手臂不可向前伸直，應要求形曲意直，用雙手的掌根部撞擊目標，在向前發力的瞬間，雙手十指猛然向前伸直，意有穿透萬物之意。在前腳掌踩地的瞬間，這時雙手掌要配合猛然的發力。此時身體的重心為前七後三，一發即止，一緊即鬆，後腳跟很自然的緊跟著落地，這時身體的重心很自然的回到後六前四或後七前三定式。（圖 4-50～54）

圖 4-50

圖 4-51

圖 4-52

圖 4-53　　圖 4-54

2. 走步勾掛發力

身體姿勢為丁八步站立，身體重心為前三後七。雙手、雙臂的位置，與左式定步勾掛發力起勢相同。（圖 4-55）

雙手發力的動作變化，身體重心，意念活動與右式丁八步勾掛發力原則要領相同，此時身體重心為後七前三，一發即止。（圖 4-56～60）

隨即，左腳下踩前蹬，催動身體前移，重心為前七後三。練習左上步時，腿部行進路線的意念活動，身體重心變化，與進退步、左上步的原則要領相同。與此同時，雙手發力的動作變化、身體重心、意念活動與左式丁八步勾掛發力的原則要領相同。此時，身體重心為後七前三。

圖 4-55

圖 4-56

圖 4-57

圖 4-58

圖 4-59

圖 4-60

（圖 4-61～67）

3. 走步分掛發力

站立的步法、手形與左式丁八步分掛發力的起勢相同。周身各部的意念活動相同。（圖 4-68）

練習右上步時，腿部進行的路線和意念活動及身體重心的變化，與進退步、右上步的原則要領相同。雙手發力的動作變化、身體重心、意念活動與右式丁八步分掛發力的原則要領相同。此時，身體重心為後七前三，一發即止。（圖 4-69～74）

隨即，左腳下踩前蹬，催動身體前移，重心為前七後三。練習左上步時，腿部行進的路線、意念活動、身體重心變化，與進退步、左上步的原則要領相同。與此同時，

圖 4-61

圖 4-62

圖 4-63

圖 4-64

圖 4-65

圖 4-66

圖 4-67

圖 4-68

圖 4-69

圖 4-70

圖 4-71

圖 4-72

圖 4–73

圖 4–74

雙手發力的動作變化、身體重心、意念活動與左式丁八步分掛發力的原則要領相同。此時，身體重心後七前三。（圖 4–75～80）

圖 4–75

4. 走步旋法發力

站立的步法、手形與左式丁八步旋法試力的起勢相同。周身各部的意念活動相同。（圖 4–81）

練習左上步時，腿部行進的路線和意念活動及身體重心

圖 4-76

圖 4-77

圖 4-78

圖 4-79

圖 4–80

圖 4–81

的變化，與進退步、左上步的原則要領相同。雙手發力的動作變化、身體重心、意念活動與左式丁八步旋法發力原則要領相同。此時，身體重心為後七前三，一發即止。（圖 4–82～87）

隨即，右腳下踩前蹬，催動身體前移，重心為前七後三。練習左上步時，腿部行進的路線、意念活動、身體重心的變化，與進退步、右上步的原則要領相同。與此同時，雙手發力的動作變化、身體重心、意念活動與右式丁八步旋法發力原則要領相同。此時，身體重心為後七前三。（圖 4–88～93）

圖 4-82

圖 4-83

圖 4-84

圖 4-85

圖 4-86

圖 4-87

圖 4-88

圖 4-89

圖 4-90

圖 4-91

圖 4-92

圖 4-93

圖 4-94

圖 4-95

5. 走步正劈發力

站立的步法、手形姿勢，周身各部的意念要求與定步正劈發力相同。（圖 4-94）

此時，身體重心為前七後三。姿勢站好後，以左式為例，左腳在前，右手在前，左手在上。（圖 4-95）

這時右後腿以略快於摩擦步的速度前進，在右腳掌行進到丁八步右式時，左腳猛然下踩上站，左腿內旋，兩腿內側似有彈簧向內擠合。這時，右前腳下踩上站，右腿外旋，由於兩腿下踩上站的旋轉，頭向上頂，意念假借頭與上下相繫的彈簧猛然上下相爭。在下面的右手猛然上提，左手猛然下劈，意有把雙手腕部、肘部、雙臂內側上下左右相系的彈簧猛然上下全部喀嚓崩斷。左手在下劈時，手

圖 4–96

圖 4–97

掌的小指、掌根部、手臂下側及根部，意念好像是一把鋒利的大刀，下劈時有向下、微微向內，意有前指，把假借的參天大樹劈成兩半，有劈進地裏數公尺之意。發力時兩足的重心分配為前七後三。一發即止，重心仍回到前三後七的位置，這時的姿勢為右腳在前，左手在下，右手在上。（圖 4–96、圖 4–97）

隨即再練習左腳左腿行進的發力。左腳猛然下踩、前蹬、上站，催動身體向前移動，這時左腳已經行進到左式的丁八步位置。在左腳左腿行進時，雙手的姿勢不要動，發力時，右後腳猛然下踩上站，右後腿猛然向內擰裹，意念假借與左腿內側似有彈簧向內擠合，這時左前腳同時配合猛然下踩、上站，左腿外旋，頭部上頂，左手猛然上提，右上手猛然下劈。

發力時意有把雙手腕部、肘部，雙臂內側上下左右相繫的彈簧猛然全部喀嚓崩斷。右上手下劈時，手掌的小指、掌根部、手臂下側及根部，意念好像是一把鋒利的大刀，下劈時有向下、微微向內，意有前指，把假借的參天大樹劈成兩半，有劈進地裏數公尺之意。發力時兩足的重心分配為前七後三，一發即止，重心仍回到前三後七的位置，這時的姿勢為右腳在前，右手在下，左手在上。左右正劈發力可交替練習，發力時力量要脆，有力透敵背之意。（圖 4–98～100）

6. 走步側劈發力

站立的步法、手形姿勢，周身各部的意念要求與右式定步側劈發力相同。此時，身體重心為前七後三。（圖 4–101）

圖 4–98

圖 4–99

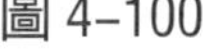

圖 4–100

圖 4–101

姿勢站好後，雙手掌手臂假借扶按在水中漂浮的木板上，雙手掌手臂放鬆，以右式為例，右腳在前，在走步發力時，首先左後腳下踩、上站、前蹬，催動身體緩緩向右前方前進，這時要細心體會兩腿部、胸腹部有向內擠動泥水的阻力感。右前腳在左後腳的催動下，快速向前邁進約一步的距離，然後前腳掌落地，前腳掌落地後猛然下踩、上站，腿部外旋，同時配合膝部前指，左腳隨即跟上成丁八步姿勢。就在身體向前行進過程當中，身體猛然上站的瞬間，兩手臂同時向身體兩側劈去。頭部頸部微微向左擰，眼睛看向右手掌外側掌根部，手臂外側意有把遠處的大樹房屋劈透劈穿一般。

這時意念假借把雙手掌手臂內側以及頭與兩腳上下相繫的彈簧猛然全部喀嚓崩斷。在發力的瞬間，身體的力量

圖 4-102

圖 4-103

重心分配為五五位置，雙手臂發力時，兩手分開大約 40～50 公分即可，一緊即止，身體重心仍回到前三後七的位置，雙手掌也仍回到 2～3 拳的距離。這時身體的重心已是前七後三了。（圖 4-102、103）

隨即右後腳下踩、上站、前蹬，催動身體緩緩向左前方前進，重複剛才的動作即可反覆練習走步側劈發力了。（圖 4-104、105）

圖 4-104

圖 4-105

圖 4-106

7. 走步雙臂環繞側劈發力

站立的步法、手形姿勢與左式丁八步右後手雙臂環繞試力相同。（圖 4-106）

此時，身體重心為前七後三。練習右上步時，腿部行進的路線和意念活動以及身體重心的變化，與進退步、右上步的原則要領相同。與此同時，雙手發力的動作變化、意念活動與右式丁八步左後手雙臂環繞發力的原則要領相同。此時重心為前七後三。（圖 4-107、108）

隨即，練習左上步時，腿部行進的路線、意念活動、身體重心的變化與進退步、左上步的原則要領相同。與此同時，雙手發力的動作變化、意念活動與左式丁八步右後手雙臂環繞發力的原則要領相同。（圖 4-109～112）

接著練習左退步雙臂環繞發力了，先將左後手斜面劈

圖 4-107

圖 4-108

圖 4-109

圖 4-110

圖 4-111

圖 4-112

下，其動作、意念活動與左式丁八步左手雙臂環繞發力相同。隨即，做左前腿後退步的雙臂環繞發力，左腿後退步的路線和身體重心的變化及意念活動，與進退步、左退步的原則要領相同。隨即，做右後手斜面下劈時，雙手之間發力的動作變化、身體各部力量的相爭及意念活動，與右式丁八步右手雙臂環繞發力的原則要領相同。（圖 4-113）

圖 4-113

圖 4–114

圖 4–115

隨即，練習右後退雙臂環繞發力，其腿部後退的路線意念活動及身體重心的變化，與進退步、右退步的原則要領相同。隨即，左後手斜面下劈時，雙手之間發力的動作變化，身體各部力量的相爭及意念活動與左式丁八步左手雙臂環繞發力的原則要領相同。（圖 4–114、115）

8. 走步頭發力

站立的步法，手形姿勢、身體重心、意念活動與右式丁八步頭發力起勢相同。（圖 4–116）

練習頭發力時，首先，後腳猛然下踩、前蹬、上站。腿部向左後擰轉，催動身體向左轉體，向前撞擊，前腳同時配合，向前滑步大約 30 公分處，猛然踏地、就在前腳踏地發力瞬間，突出頭部左側面，向斜下方猛然撞擊。意有

圖 4-116

圖 4-117

撞透、撞碎假設的目標。發力時，身體重心都在前腳上。後腳隨即跟步，呈丁八步。此時身體重心為前七後三。（圖 4-117）

圖 4-118

一發即止，身體重心仍回到左式丁八步頭發力的起勢。（圖 4-118）

隨即可以反覆練習走步頭發力了。（圖 4-119、120）

9. 走步肩發力

站立的步法、手形姿勢、

圖 4-119

圖 4-120

圖 4-121

身體重心、意念活動與右式丁八步肩發力起勢相同。（圖4-121）

練習肩發力時，首先，左後腳下踩、前蹬、上站，催動身體猛然向前撞擊，右前腳同時猛然向前滑步，腳掌踏地，撞擊時身體向左側方轉體 45 度，用右肩的骨棱部向斜下方撞擊，似有撞透、撞碎假設的目標之意。隨即後腳跟步，身體重心為前七後三，一發即止，身體的重心、手形姿勢仍

回到右式丁八步肩發力起勢。（圖 4–122、123）

隨即可以反覆練習走步肩發力了。（圖 4–124、125）左右式可交替練習。

圖 4–122

10. 走步膝撞發力

站立的步法、握拳姿勢與左式丁八步膝發力的起勢相同。（圖 4–126）

練習時，首先，右後腳下踩、上站、前蹬，催動身體猛然前撞，左前腳抬起，微離地

圖 4–123

圖 4–124

圖 4-125

圖 4-126

面向前滑步約 10 公分距離，腳掌落地後，隨即猛然下踩、上站、前蹬，帶動右後腳後腿猛然抬起，腿部彎曲，腳掌心向後，腳踝部繃緊，五趾朝下，用右腿膝部猛然向前、向上撞擊發力，意有撞透撞碎假想敵胸部、腹部之意。在右膝撞擊發力時，其內涵的意念活動與定步右膝撞擊發力相同，一發即止。右腳仍回到左腳在前，右腳在後的左式丁八步位置，身體重心也恢復到前三後七。（圖 4-127、128）

隨即可以反覆練習走步膝發力了。（圖 4-129、130）

左式右式交替練習，其原則要領相同。

11. 走步點腳發力

站立的步法、手形與定步點腳發力起勢相同。（圖 4-131）

圖 4-127

圖 4-128

圖 4-129

圖 4-130

圖 4-131

圖 4-132

右腳發力時的動作，內涵的意念活動，身體各部力量的相爭與定步右點腳發力的原則要領相同，一發即止，右腳落地呈右式丁八步站立。（圖 4-132）

隨即，左腳下踩、上站、前蹬，催動身體向前，右腳發力時的動作，意念活動，身體各部力量的相爭與定步左點腳發力的原則要領相同。一發即止，左腳落地呈左式丁八步站立。（圖 4-133～135）

隨即，就可進行右腳與左腳的上步點腳發力了。

12. 走步側踢發力

站立為丁八步，手形為左式不直的直拳起勢。（圖 4-136）

走步側踢發力時，首先，將身體重心前移到左腳上。

圖 4-133

圖 4-134

圖 4-135

圖 4-136

右腳下踩、前蹬，向前邁出到左腳的腳尖部，腳掌內側向前。（圖4-137）

圖 4-137

就在右腳踩地的瞬間，左腳猛然抬起向前、向上側踢發力，其內涵的意念活動，身體各部力量的相爭與定步左腳側踢發力的原則要領相同，一發即止。（圖 4-138）

隨即，左腳落地。此時，身體重心為左七右三。（圖4-139）

隨即就可以反覆進行走步

圖 7-138

側踢發力練習了。（圖 4–140～142）

圖 4–139

圖 4–140

圖 4–141

圖 4-142

圖 4-143

13. 走步蹬踏發力

站立的步法、手形與定步蹬踏發力起勢相同。（圖 4-143）

走步右腳發力時，首先，將左腳落地踩實，右腳下踩、前蹬，催動身體慢慢向前，將身體重心移至到左腳上。（圖 4-144）

圖 4-144

隨即，右腳向前邁出至左腳掌尖部，站立的步法，手形與定步左式獨立樁起勢相同。

（圖 4–145）

右腳蹬踏發力時，腿部的動作，內涵的意念活動，身體各部力量的相爭與右式右腳蹬踏發力的原則要領相同。一發即止，右腳輕輕落地。（圖 4–146、147）

隨即，就可以反覆練習走步蹬踏發力練習了。（圖 4–148～151）

圖 4–145

圖 4–146

圖 4–147

圖 4-148

圖 4-149

圖 4-150

圖 4-151

(三)意拳試聲

通常人們練習站樁、試力、發力等技術,最容易忽視身體內在五臟六腑等各部的同時訓練,而試聲則是意拳身體內外同時配合來練習的一項專門訓練課程,其目的就是輔助試力及發力時摸索細微之處的不足。

意拳的試聲練習要求做到聲力併發,意到、力到、聲到,雖然本意不在威嚇,但應使聞者猝起驚恐之感。

試聲練習可以先求有聲,然後再過渡到無聲的練習。

試聲練習可分為三個階段:(1)有聲的咿、呦;(2)有聲的咿、呦兩音的間隔縮短;(3)無聲的試聲。

1. 第一階段的練習

進行有聲咿、呦練習時步法可站立為丁八步,雙手拿起渾圓樁姿勢,也可不必抬起雙手。姿勢站好後,意念假借身如巨人,頂天立地,頸部、背部、腰部、臀部、大腿、小腿後部似靠大樹。

在試聲發力的瞬間,屏住呼吸,內部呼吸猛然下沉,把喉嚨、胸腔的氣體猛然壓縮到橫膈膜,使腹腔突然膨脹,好像要把下砸的氣體猛然穿透腹腔沖入地裏或好像一塊巨石砸入井中並穿透井底。

小腹瞬間一緊,隨即放鬆,就在小腹猛然膨脹的瞬間,我們喊出「呦」字,聲音近似嘶啞、渾厚、沉悶,同時頭部似有向前微微猛撞,並要撞飛一切物體之意。這時要配合後腳,後退微微猛然下踩前蹬,前腳掌猛然下踩,似有猛然踩入地裏之意,一緊即止,一止即鬆。此動作完

成後，可停止幾秒後再進行「咿」的練習。

做「咿」的練習時，呼吸已回到正常狀態。站立的姿勢、步法不變，在練習「咿」的發力瞬間，先屏住呼吸，腹部猛然收縮，把腹腔內的氣體向上直沖橫膈膜，由胸腔壓向喉嚨，這時發出的「咿」聲同樣近似嘶啞、沉悶和渾厚。在練習「咿」的發生時，腹腔、胸腔、喉嚨內在的氣體似有穿透天空之意。這時我們的身體，頭部、背部、肩部、腰部、臀部大腿、小腿後部向後向上微微猛撞，並撞飛身後一切物體之意。

在喊「咿」的發力瞬間，後腿也同時配合猛然下坐微靠，臀部、襠部、兩腿內側意有把接觸的樹墩猛然砸坐入地。前腳掌五趾這時也配合微微猛然向下抓地，一緊即鬆，隨即呼吸又回到正常的狀態。

我們經過意拳試聲第一階段「咿、呦」較長聲的練習並有了較好的體認之後，就可以進行意拳第二階段的試聲練習了。

2. 第二階段的練習

第二階段試聲練習的根本目的，是使有一定意拳基礎的人在技擊對抗發力時，做到體內五臟六腑及胸腔、腹腔同時內外合一猛然發力，加強其發力的打擊效果；另一目的，則是所發之聲，「咿、呦」震盪，給對手以威嚇，壯己之鬥志，喪敵之膽氣。

第二階段試聲練習站立的姿勢與第一階段相同，身體自然放鬆，意念假借周身與參天大樹融為一體，身如巨人，目光遠視。

在第一階段時，咿、呦的發音之間有三四秒左右的間隔，但在第二階段的試聲練習時，「咿」的發音極短，「咿」字發出後，要隨即極快地發出「呦」音，要求在1秒鐘內必須完成「咿、呦」二字的發音。因「咿」字的發音時間極短暫，故彷彿只能聽見「呦」字的發音。在「咿」字發音時，胸腔、腹腔猛然極快收縮，隨即極快膨脹，把胸腔、腹腔的氣體猛然沖擠到喉嚨，從喉嚨深處把「呦」字發出來。

在「咿」字發音的瞬間，身體的後腦部、後頸部、後肩部、背部、大腿小腿後部都要配合與融為一體的參天大樹有擠靠之感，頭有上領及向後微靠之意；在發「呦」字時，身體的正面有向前向下撞、頭有向斜前上方領、前腳有猛然下踩之意。

前面說過，第二階段的試聲練習，正確的要求是「咿、呦」二字的發音大約是1秒鐘，但對於初學者亦可稍微延長至2秒左右，重點在稍微延長「呦」字的發音。以次循序漸進，最終達到正確的要求，聲力同步。

3. 第三階段的練習

此階段為無聲的試聲，進一步練習要逐漸縮短兩音中間的間隔，最後形成「咿」、「呦」以拼音形式的短促而有力的聲音。在此基礎一到試聲的高級階段，則要求從有聲逐漸過渡到無聲。不把「呦」字喊出來，而是收回去。在練習中，可以有手掌擋在嘴的前面，要求在發聲的時候，沒有多少空氣噴在手掌上。

試聲練習筆墨不好形容，需要弄清楚試聲的目的和道

理，然後聽練功有素的人怎樣發聲，特別是要注意練功者在試聲時的神態，慢慢揣摩，逐漸掌握好試聲練習，薌齋先生在形容試聲時說：「試聲如幽容之聲，其聲如黃鐘，大呂之本」，學者可以從中得到有益的的啟示。

第3章 意拳基礎功法的教學與訓練

第一節 意拳基礎功法的教學

意拳基礎功法的教學，是在老師的指導下學習意拳基本功法技術的過程。意拳基本功法的教學是一個大系統，其中包括教學原則、教學過程和教學的方法，由這個系統的論述，完成了意拳基礎功法的教學。

一、意拳基礎功法教學的基本原則

（一）因材施教性原則

由於意拳的訓練重精神，重意感，重自然力的培養與運用，所以，在教學過程中每個學員的個體差異和具體情況是不盡相同的，學員之間的身體素質、接受能力和個性特徵等方面都存在著差異。針對這種情況作為老師就不能對學生「一視同仁」，而應該根據學生自身的特點，施以

不同的教授方法。如有的學生很聰明，接受能力快，那麼在教學中除了教授技術動作之外，還可以多講一些拳理方面的知識，以加深學生的理解；對於接受能力差的學生要手把手地教，必要時可進行單獨地講解示範。

總之，在處理好集中教學和區別對待的關係上，要利用因材施教的原則，更好地完成好教學任務。

(二)系統性原則

系統性原則主要體現在學習內容和學習的過程中，學生從開始到最後每一部分技術的學習，都要求老師在教學時根據學生的具體情況，結合所學的內容，系統而有計劃的安排好不同學生、不同時期和不同目的的學習。

意拳基本技術的教學無論是從站樁、試力還是發力，都應該做到由表及裏、由簡入繁。意拳基本技術體系最大的特點就是科學而系統，其各步功法環環相扣，顛倒或缺少了任何一步都不可能真正地掌握其要領，所以在意拳的教學中尤為重要的是要遵循其系統性的特點。

因為進行科學系統的教學，能夠使學生的有機體產生一系列良好的適應性變化，這種變化如能得到長期的積累，將會為學生以後創造良好的成績打下基礎。如在樁功的學習階段，假如沒有養生樁的基礎最好不要練習技擊樁，因為養生樁的放鬆訓練是技擊樁鬆緊轉換訓練的必備素質。放鬆訓練達不到要求，就根本談不上鬆緊的轉換了。在試力的教學中一定要先從簡單的平推試力入手，而後再學習扶按球、神龜出水等高難度動作。

要根據學生具體情況的需要和意拳內在規律加以一定

的順序去安排意拳基本技術的教學，由簡單易學的基本技術開始，逐漸向綜合和高難度技術過渡，使學生能夠循序漸進地掌握技術，這樣才能取得良好的教學效果。

(三) 鞏固和提高相結合的原則

鞏固和提高相結合的原則是根據認識規律和運動技能形成的規律總結出來的，是學生學習知識掌握技能的重要環節，掌握和鞏固所學的技術是學員熟練運用技術和學習新技術的基本條件。

意拳的每一個基本技術動作雖然簡練，但是在不同的學習階段，其中的意念要求是不一樣的。意拳的意念由淺入深，不同的意念誘導會形成不同的訓練效果，所以，鞏固和提高相結合的教學原則在這裏就顯得尤為重要。

如在技擊樁摸勁訓練中，初級的摸勁是自身與大樹融為一體，這是自身爭力的培養階段，只有鞏固了這一階段，有了一定的基礎，才能順利地進行下一步「自身與外界相牽連意念」的教學。如果不鞏固初級的意念訓練，而貪多求快地就進行下一步的學習，即使學了也不會有什麼實質性的提高。所以說，鞏固和提高相結合原則是意拳教學中必不可少的原則，只有在充分理解和掌握所學技術的基礎上，進行新技術的學習，才能達到鞏固提高的目的。

(四) 老師的主導性和學生的主動性相結合的原則

任何一項技術的教學實質上就是老師教和學生學的過程，教與學是兩個相互統一的整體，老師與學生之間的

教、學關係既是相互獨立的，又是影響和促進的，老師起主導的作用，所以在教學的過程中，老師應該根據自身對意拳的理解和親身的體驗，充分發揮其自身的積極性和創造性，結合科學的教學方法，使學生儘快地掌握意拳的基本知識和技能。

作為意拳老師，在教學中的任務不僅僅是技術動作的講解示範，更重要的是要將這種技術能在實戰中得以應用，也就是說能將意拳獨特的勁力在人身上得以體現，所以說意拳的教學是一種身體力行的工作；同時作為學生，學習意拳的動機除了意拳技術本身的因素以外，更多地是出於對意拳老師本身功夫實力與人格魅力的崇敬。所以，要在老師言傳身教和啟發教育下，明確學習意拳的目的，提高練習意拳的興趣，從而認真主動的進行學習和訓練。只有充分發揮老師的主導性和學生的主動性，才能更好的完成意拳教學任務。

二、意拳基礎功法的教學階段

（一）掌握階段

學生在學習意拳的初級階段，由於其自身僵硬、不協調，即使由老師的講解示範和自己的實踐，所獲得的也僅僅是粗淺的感性認識，對意拳基本技術的內在規律並不完全理解。這是因為學員在接受了老師的講解示範之後，由感受器將這種刺激傳到大腦皮質，從而引起大腦皮質細胞的強烈興奮，但是，由於大腦皮質內抑制尚未確立，所以大腦皮質中的興奮與抑制都呈擴散狀態，從而使條件反射

暫時聯繫不穩定，出現泛化現象。

這個過程表現在技術練習上往往是動作僵硬不協調，不該收縮的肌肉收縮，出現多餘的動作，而且做動作很費力。這些現象是大腦皮質細胞興奮擴散的結果。

在此過程中，老師應抓住動作的主要環節和學生掌握動作中存在的主要問題進行教學，不要過多地強調動作的細節，而應以正確的示範和簡練的講解幫助學生掌握動作。要讓學生多模仿、多體會，建立起正確的肌肉感覺。在學生初步掌握意拳基本技術的基礎上，要組織學生進行反覆練習，以使學生在初級階段就逐漸形成正確的技術定型。

在初步學習階段，一定要遵循循序漸進的原則，從最基本和最基礎的動作技術開始，逐漸向高難度和高強度過度，切忌急功冒進，欲速則不達。老師要對學生的學習情況隨時總結，多做正面的肯定和鼓勵，激發學生的學習興趣，促使學生更快地掌握技術動作。

(二)改進提高階段

在前一個階段的基礎上，經過老師的講解示範和學生自身的反覆練習，不斷強化，使學生對意拳技術的內在規律有了一定的理解，形成了一定的運動性條件反射。在這一階段，大腦皮質運動中樞興奮和抑制過程逐漸集中，由於抑制過程加強，特別是分化抑制得到發展，大腦皮質的活動由泛化階段進入了分化階段。

在此階段，練習過程中的大部分錯誤動作將得到糾正，能比較順利地、連貫地完成完整的動作技術。這是初

步建立了動力定型。一些不協調和多餘的動作正在不斷地消除。

在這一階段學生完成動作的外在表現為：周身不再緊張僵硬，動作相對放鬆，技術掌握比較正確，各種技術的變化較為協調，其速度、力量和準確性都有明顯的提高，對技術和動作有了進一步的瞭解，能將所練習的技術清楚地用語言說明，能夠較為正確地分析和完成技術動作。但由於還處於分化階段，所以技術動作定型建立的不十分牢固，倘若遇到新的刺激時仍舊會出現多餘或錯誤的技術動作，特別是在緊張的狀態下更容易造成技術動作的變形。所以在這個過程中，老師要特別注意錯誤動作的糾正，讓學生多體會動作的細節，以促進分化抑制進一步發展，使動作逐漸的準確。

這個階段在意拳教學中佔有很重要的地位，主要的教學任務就是在初步掌握技術動作的基礎上，不斷地鞏固提高，讓學生進一步掌握技術的細節，提高技術動作的協調性和連續運用的合理性及節奏，提高動作的練習品質，加強技術動作練習的目的性，鞏固已經建立起來的動力定型。

(三)運用自如階段

這一階段學生已基本掌握了所學的技術動作，大腦皮層中的興奮與抑制在運動中樞內形成了牢固的動力定型。這時的分化抑制完善，回饋調節能力強，由於不斷強化，建立了牢固的運動性的條件反射和動力定型，這時不論自己做試力還是發力，都能隨心所欲，運用自如。

學員完成動作的外在表現為：動作逐漸達到成熟階段，在不同的表現形式下均能準確地完成技術動作，而且某些環節的技術動作還可以出現自動化程度。表現動作輕鬆靈活，渾圓飽滿，充分體現了意拳渾圓力「周身整體一動無不動」的勁力特點。

在技術動作達到動力定型之後，還要繼續練習鞏固，精益求精。因為技術的動力定型不是一成不變的，如果不加強練習，鞏固了的動力定型還會消退。這一階段的主要教學任務是穩定技術，不斷強化已經形成的運動技能，逐步達到高標準。這樣更加有利於動力定型的鞏固和技術動作品質的提高，使之促進技術動作的自動化，達到自如運用技術的程度。

以上三個階段是相互聯繫、互為條件的，各個階段都沒有明顯的界限，是意拳教學中必須經過的不同階段和時期。上述分段的目的在於使我們能夠針對不同時期、不同階段的教學規律和特點，進行相應的組織教學，從而提高意拳的教學品質，為學生以後創造優異的運動成績打下良好的基礎。

三、意拳基礎功法教學的方法與手段

教學方法是完成教學任務的具體手段和方式，它直接影響著教學任務的完成。科學有效的教學方法，可以加快學生學習和掌握技術的速度，提高教學品質。根據意拳教學規律和多年實踐經驗的總結，通常在意拳的教學中採用以下的具體教學方法：

(一)語言講解法

語言是老師和學生最直接、最有效的交流方式。在教學中正確的運用語言，可以使學生明確學習任務，端正學習態度，啟發學生積極思維，加深對所學內容的理解程度。對學生加速掌握意拳的基本技術，有效合理的發展身體素質，培養學生練習時分析問題和解決問題的能力，明確練習目的和完成練習任務等都有極其重要的意義。

講解就是老師運用語言，向學生傳授意拳的基本知識、技術和技能的過程。老師講解時要有明確的目的，針對所學內容，要準確、生動、精練地講出內容的主要部分，語言要有啟發性和引導作用，並且要注意講解的時機和層次。如不同時期的意念有什麼區別，應該怎樣將意念與技術動作進行有效的結合，使每一個動作都要在意念的指導下進行。

意拳技術教學時針對某一技術，要講明它的具體規格、方法和標準，功防的基本規律和特點、練習的方法、練習時容易出現的錯誤及糾正方法、技術的關鍵環節。讓學生在初始的學習階段，就對技術動作有一個全面的瞭解，使學生在充分理解動作的基礎上進一步掌握它。老師在講解時要儘量運用意拳的術語，要將「渾圓力」、「爭力」等術語用科學的語言加以講解，使語言簡明扼要，準確有效。

還要利用學生容易接受和掌握的形象化語言、口訣化語言以及鼓勵性的語言，使學生在大腦中形成刺激性記憶，從而達到理解和掌握技術動作的目的。

(二)完整與分解教學法

雖然說意拳的基本動作比較簡單，但是教學時為了把技術動作講解的更清楚，往往會採用完整與分解相結合的教學方法。完整教學法的特點，是保持了技術動作的完整性和它固有的的結構，使動作連貫完整，便於較快的掌握技術動作。

在意拳教學中，難度較小的技術動作或對有一定基礎的學員進行教學時，可以採用完整教學法。如養生樁、養生試力等簡單的技術動作都可以採用完整教學法。

分解教學法的特點是在動作比較複雜，難度較大的情況下，為了讓學生更清楚的瞭解動作細節，更好的掌握動作，把完整的技術合理的分解成若干部分，進行部分教學，然後再逐漸連貫在一起，最後掌握完整的技術動作。這種教學方法的優點在於將複雜的動作簡單化，按層次過渡到完整，使學員較為容易的掌握好動作，因此學起來更加有信心，有秩序，能較準確、牢固的掌握技術。如在講解扶按球試力時，由於技術比較複雜，所以我們可以先講解手上的動作，手上的動作掌握之後，再配合上身及腿部，最後形成完整的動作。

完整與分解教學法是相互聯繫、相互補充的，在教學時是將兩個方面結合在一起。

完整教學中有著分解教學的部分，在分解教學中必須有完整教學的觀念，最後達到完整。運用時可以先分解後完整，也可以先完整後分解，一般教學中多採用完整——分解——再完整的教學方法。

(三) 直觀教學法

直觀教學法就是由直觀的方法，利用老師示範，使學生對技術動作有直觀印象的教學方法。直觀教學法是意拳教學中最常用的方法之一，尤其在學習新動作時，老師多以領做為主，對每一種技術進行講解示範，都要讓學生充分認識這一動作，然後在老師邊示範、邊講解的基礎上使學生學習技術動作由模仿入手，逐步深入，經由反覆模仿和練習，逐步地學會和掌握動作。

有合適的地方還可以利用電化教學，老師可以針對錄影帶中的示範進行講解、分析，這樣可以使動作更準確，講解更細緻。正確的示範，不僅可使學生由直觀的感性認識獲得正確的動作概念，還可以提高學生的興趣，激發學生學習的積極性，直觀示範教學對教學的效果有著重要的作用。

(四) 組織練習教學法

練習法是指學生在教師的指導下，對學過的技術動作進行鞏固掌握的一種教學方法。在意拳教學中，教師由語言和直觀教學，經過完整和分解教授技術動作，學生基本上都可以掌握技術動作。但掌握了技術動作之後還必須要讓學生學會親身實踐，進行反覆練習，這樣才能鞏固所學到的技術動作。學生學會了動作之後很有必要在教師的指導下，克服錯誤動作，建立起正確合理的動作概念，在反覆的練習中鞏固掌握所學的技術、知識和技能。

練習的方法很多，一般採用個人練習法、分組練習

法、集中練習法：

個人練習法是讓學生自己練習所學內容，先獨立掌握，然後在教師的指導下糾正。

分組練習法是將學生分成若干小組進行練習，這種方法的優點是能夠讓學生之間相互交流、探討，相互糾正動作，共同分析容易出的錯誤，達到共同提高的目的，同時又能保證練習的數量和強度。

集中練習是在教師的統一帶領或指導下進行共同練習，這種教學的優點是能夠同時組織很多人進行練習，對於集中出現的問題集中解決，學生的興趣較高。例如統一進行發力練習，現場的氣氛會非常活躍，從而激發學生的學習興趣，提高學習品質。

第二節 意拳基礎功法的訓練

一、意拳基礎功法訓練的基本原則

(一)從實戰出發的原則

從實戰出發的原則，是指依據提高學員功力和技術的需要，從實戰出發，科學安排訓練的階段和安排訓練的內容、方法和手段等因素的訓練原則。

意拳本身就是一種實戰性的傳統武術，因此在意拳基

礎功法的每一個技術中都有極其實用的價值。不符合實戰要求的技術動作在意拳技術體系中是不存在的。從最基本的技擊樁來看，其基本姿勢就是意拳實戰的間架。另外像勾掛、分掛、旋法、下壓等各種技術都是兩人在實際搏鬥中，身體相接觸時所出現的本能性的搏鬥動作。

意拳就是將這些經常在搏鬥中出現的動作加以提煉總結，認真研究在實際搏鬥中如何使這些技術動作更加的合理有效。於是經過不斷地實踐，並將斜面、螺旋、槓桿等力學原理與其相結合，終於形成了意拳簡捷有效、樸實無華的實戰風格。

遵循從實戰出發原則可使訓練更好的結合意拳散手的實戰特點，從而提高意拳訓練的專項針對性、實戰性和實效性，爭取獲得滿意的練習效果。

(二)精神意識高度激發原則

精神假借，意念誘導是意拳訓練的核心，無論是初級的站樁還是最後的實戰，都要將精神意識的訓練放在首位，訓練時一定要突出精神意識的真實性。如在練習技擊樁時，要假設身體四周有無數毒蛇猛獸在虎視眈眈地盯著自己，隨時都有可能攻擊自己，此時自己的精神意識要高度集中，決不允許有半點的疏忽而給對方造成進攻的機會，使自己猶如高速旋轉的陀螺，始終處於一種無懈可擊、滴水不漏的狀態中。

在精神集中的基礎上要突出精神的高度激發，彷彿自身與宇宙融為一體，每一動皆與天地相呼應。只有這樣才能更好地刺激周身的神經肌肉，使其更加協調一致，從而

使周身的勁力愈發的渾圓均整。精神意識高度激發原則是意拳訓練中的關鍵，沒有了精神意識的高度激發，意拳訓練就失去了其實質的意義。

(三)系統性原則

系統性訓練原則是指學生在一般的情況下，只有循序漸進的而不是突變式的增加運動訓練負荷，才能取得理想的訓練效果。另一方面也指出學生只有經過長期持續的訓練，才有可能取得成功。

尤其在意拳基本功法的訓練中，系統性原則顯得猶為重要。因為意拳各項基本功法之間的銜接是非常緊密的，養生樁是技擊樁的基礎，樁功又是試力的基礎，試力又是發力的必備條件。

如果沒有樁功的基礎，而直接練習試力或有了一定的樁功基礎後直接練習發力，都是不可能練好意拳的。要想更好的掌握意拳，必須將系統性訓練原則放在首位。

二、意拳基礎功法訓練的方法與手段

(一)持續訓練法

持續訓練法是指在相對較長的時間內，不間斷地進行負荷強度較低的練習的訓練方法。持續訓練法的負荷強度通常在學生所能承受的最大強度的60%以上，對機體產生的刺激比較緩和。

運用這種方法可以使訓練效果穩定的提高。持續訓練法運用於意拳基本功法的訓練主要體現在站樁上。

(二)重複訓練法

重複訓練法是指在不改變動作結構和運動負荷水準相對恒定的情況下，按照即定的要求， 對某一動作反覆的進行練習，每組練習之間要安排較為充裕的休息時間的訓練方法。

重複訓練法是意拳基本功法訓練中最常用的方法之一。這種方法由同一動作或同組動作的多次重複，經過不斷強化運動條件反射的過程，使學員掌握和鞏固技術動作，並由相對穩定的負荷強度的多次刺激，使機體儘快產生較高的適應性機制，發展和提高了學員的身體素質。在意拳基本功法的訓練中主要體現在試力、發力的練習中。例如練習時規定勾掛試力 1 組 50 次，共練習 5 組；基本發力 1 組 50 次，共練習 3 組。

在運用重複訓練法時，練習的強度和組數要根據訓練的具體任務和學生身體的具體情況確定。每組之間的休息時間要充裕，待機體基本恢復後再進行下一組的練習。休息時間通常為練習時間的 2 倍。重複訓練法主要用來提高和鞏固技術動作，發展速度、力量以及專項素質等。

用重複訓練法進行技術動作的訓練時，要嚴格要求動作的技術規格，重複訓練的強度和數量也應較高，直至學員出現技術變形時為止。

(三)循環訓練法

是指按照一定的順序進行循環訓練的方法。循環訓練法對提高學生的身體素質特別是專項素質具有明顯的效

果。練習時可將幾種不同的技術按照一定的循序排好，確定好每項練習的次數和要求，然後一項接一項地按要求進行，一輪完成後休息一定時間，再進行下一輪的練習，循序漸進。

練習的內容和要求要根據訓練任務來確定，但不同方法之間的連接要有規律性。如可將試力中平推、開合、撥水 3 種基本試力，分掛、勾掛、扶按球 3 種推手中常用的試力，側劈、正劈和環繞側劈 3 種打法試力以及旋法、搖法、神龜出水 3 種身法試力分別結合在一起，按照循環訓練法的要求進行試力的專項性訓練。

也可將其中任何單項技術打亂程式進行組合，因為推手是瞬息萬變的，各種技法的應用要根據實際情況來確定，打亂程式訓練的目的就是為了適應推手中技法應用的突變性。

(四)間歇訓練法

間歇訓練法是指在一組訓練之後，按照嚴格規定的間歇時間和積極性休息的方法，在運動員的身體尚未完全恢復的情況下，就進行下一組練習的方法。這種訓練方法和重複訓練法的區別在於間歇的時間，重複訓練法是要機體基本恢復後進行下一組的訓練，而間歇訓練法是限制了一定的間歇時間。

間歇訓練的好處在於不僅可以使身體的機能逐漸提高，使運動員機體所承受的強度逐漸增大，還可以使運動後機體的恢復過程加快。間歇訓練法比較適合意拳發力的訓練。發力是在精神意識高度激發的狀態下，神經肌肉鬆

緊瞬間互換，從而形成拳術中有效打擊的力量。相對於站樁、試力來講，發力是最消耗體力的訓練，但也是增強力量最有效方法。如果只是站樁、試力，而不經過發力的訓練，那麼力量就不會形成在瞬間集中到一點和瞬間改變力量的方向的短促、冷脆的特點。

訓練時，在科學合理的訓練方法指導下，根據自身所能承受的負荷，給肌體最大強度的刺激，只有這樣才能更好地開發自身的潛能，從而達到最佳的訓練效果。

心香一瓣和淚書

寫在後面

謝永慶

自拙作《意拳心法》一書問世以來，得到了海內外廣大意拳愛好者的關注，在此，我謹向所有關注《意拳心法》的朋友們表示感謝！

很多朋友在來信中說，他們看了《意拳心法》之後，不僅在拳理上有了更深刻的認識，同時，姚承光先生的拳學精神也給了他們莫大的激勵！

是啊，多年來，姚先生的這種執著的精神也一直在激勵著我，使我將意拳作為畢生的追求！

所以，在上大學的四年以及參加工作到邯鄲大學，每年的所有假期我幾乎都是在北京度過。這些年來，在家呆的時間沒有在姚老師身邊的時間多。為此，對於家人，我時常感到愧疚，尤其是對我的父親！

身為國家公務員的父親雖然平時工作很繁忙，可是為了培養我學好意拳，多年來總是一個人默默地承受著家庭和工作的雙重負擔。2006 年的春節，我從北京回到家中，看到父親的精神狀態很不好，當我問父親時，父親笑笑說，過年了，事兒多，累的吧。

過了年，我執意要父親到醫院檢查，父親答應了。經檢查才發現父親的病已經到了晚期。看著那化驗單上的結果，我悔恨交集！

父親住院了，在父親的病床前，放著唯一的一本書就是我的《意拳心法》，父親雖然不懂意拳，但父親還是一遍又一遍地讀，每當向別人介紹這本書的時候，父親總是很驕傲，很自豪，因為這本書是他兒子寫的，他多年來的心血沒有白費，兒子出息了，都出書了，這對父親來說是莫大的欣慰！

看了《意拳心法》，父親對姚老師和意拳有了更深的瞭解。他常常叮囑我說：「全面繼承姚老師的拳學思想，要將意拳上升到學術的高度去研究！」

後來我跟父親說，《意拳心法》出版以後受到大家的歡迎，北體大出版社再計畫出版一套《中國意拳標準教程》。父親聽後很高興，表示要全力支持我。可是就在這個時候，醫生告訴我說，父親的病隨時都會有生命危險！

我真的不敢面對這個現實，可是父親卻好像什麼都沒發生一樣，每天樂觀地生活著，然而我深深地明白，這是父親不願給我太多的壓力啊！父親還時常督促我，儘快把書寫出來，他想早點看到！

可是父親最終沒能實現這個願望！

今年四月的一天，父親永遠地離開了這個他曾經熱愛和眷戀的世界！

父親走的那天下午，我正在單位的宿舍裏寫書，所以我連父親的最後一面也沒有見到。我曾對父親承諾，這套書出版後作為禮物來祝福他 58 歲的生日！而如今也只能將這份承諾縈繞筆端，用靈魂的血，浸透別離的文字，將這份祝福化作美麗的千紙鶴，放飛，朝向那遙遠的天國！

父親是我的人生導師，從兒時的成長到上學、工作以致確立自己人生與事業的方向，人生中每一個關鍵時刻都離不開父親的指導！

父親雖然走得很匆忙，最後的那一刻也沒有留下一句話，但平日裏父親的教誨，父親善良、純樸、豁達、淡泊的品質足以為我以後的人生導航！我無力去挽回什麼，因為曾有多少，即使是巨匠宗師，甚至偉大的神——基督也逃脫不了命運的安排，導致

一生孤苦貧病直至被釘在「十字架」上……

今夜，我深摯地、悲愴地為一位用真愛呵護了我 28 年的父親獻上一片淚影，每一滴淚都折射出兒子那悲慟的心境，宛如在歷史的長夜中獨舞者吟唱的史詩，詩如長虹如汪洋，如天籟之音韻，澄明絢麗，深邃而又空闊！

我深深地明白，父親的離去並不是要引導我走向深深地絕望，更不想讓我放逐痛苦沉湎於回憶之中。父親是要我把命運拋給自己的不幸，轉化為一種生命力的擴張，把自己對生命的內省昇華為意志力的獨白，把一切的幸與不幸皆看作是對自己生命的歷練。我永遠不會忘記父親的話：「等你以後真正事業有成了，就是對父母、對家庭最好的報答！」

如今，《中國意拳標準教程》終於問世了，在這裏我首先要將這本書獻給我的父親，以表對父親的歉意和懷念！

在這套書出版之際，我要感謝德高望重的昌滄老先生在百忙之中為本書寫序，感謝恩師姚承光先生對本書的全力指導和親自示範動作，感謝北京武術運動協會秘書長、北京武術院院長毛新建老師，《中華武術》李平老師，《武魂》馮黎老師、常學剛老師，宗勳武館副館長賀榮先生以及「中華武道網(www.china-wd.net)」、「意拳國際（www.yqworld168.com）」網站對本書的關注，感謝我的單位邯鄲職業技術學院領導對我業務上的大力支持，同時，對也感謝我的師弟朱文清、王超配合姚先生為本書示範動作！

於北京體育大學研究生公寓

國家圖書館出版品預行編目資料

意拳功法 / 謝永廣　編著
——初版，——臺北市，大展，2009〔民 98.05〕
面；21 公分 ——（武術特輯；108）
ISBN　978-957-468-684-1（平裝）
1. 拳術　2. 中國
528.972　　98003758

意拳功法

ISBN 978-957-468-684-1

編　　著／謝 永 廣
責任編輯／葉　　萊
發 行 人／蔡 森 明
出 版 者／大展出版社有限公司
社　　址／台北市北投區（石牌）致遠一路 2 段 12 巷 1 號
電　　話／（02）28236031・28236033・28233123
傳　　眞／（02）28272069
郵政劃撥／01669551
網　　址／www.dah-jaan.com.tw
E-mail ／service@dah-jaan.com.tw
登 記 證／局版臺業字第 2171 號
承 印 者／傳興印刷有限公司
裝　　訂／建鑫裝訂有限公司
排 版 者／弘益電腦排版有限公司
授 權 者／北京體育大學出版社
初版 1 刷／2009 年（民 98 年）5 月

定　價／280 元

大展好書　好書大展
品嘗好書　冠群可期